全面深化改革第三方评估理论与实践

叶学平
主编

傅智能
夏　梁
副主编

中国财经出版传媒集团
经济科学出版社
Economic Science Press

图书在版编目（CIP）数据

全面深化改革第三方评估理论与实践/叶学平主编
.—北京：经济科学出版社，2019.9
ISBN 978-7-5218-1031-8

Ⅰ.①全…　Ⅱ.①叶…　Ⅲ.①体制改革—研究—中国
Ⅳ.①D61

中国版本图书馆CIP数据核字（2019）第214951号

责任编辑：顾瑞兰
责任校对：刘　昕
责任印制：邱　天

全面深化改革第三方评估理论与实践
叶学平　主编
傅智能　夏梁　副主编
经济科学出版社出版、发行　新华书店经销
社址：北京市海淀区阜成路甲28号　邮编：100142
总编部电话：010-88191217　发行部电话：010-88191522
网址：www.esp.com.cn
电子邮件：esp_bj@163.com
天猫网店：经济科学出版社旗舰店
网址：http://jjkxcbs.tmall.com
固安华明印业有限公司印装
710×1000　16开　10.5印张　200 000字
2019年9月第1版　2019年9月第1次印刷
ISBN 978-7-5218-1031-8　定价：68.00元
（图书出现印装问题，本社负责调换。电话：010-88191510）

引　言

改革开放，从党的十一届三中全会到现在走过了40年极不平凡的历程，推动党和国家事业取得历史性成就、发生历史性变革。实践证明，改革开放是当代中国最鲜明的特色，是我们党在新的历史时期最鲜明的旗帜。

一、中国改革开放的伟大实践以及辉煌成就

1978年党的十一届三中全会之后，中国进入了波澜壮阔的伟大改革开放时代。改革开放以来，通过不断的探索，我国逐步开辟了一条适合中国国情的发展道路——中国特色社会主义道路，实现了从高度集中的计划经济体制向充满活力的社会主义市场经济体制的根本性转变，实现了从封闭半封闭向全面开放的转变，实现了人民生活从温饱向全面建成小康的转变，我国经济总量排名世界第二，综合国力极大提升。在改革开放的历史征程中，中国人民艰苦奋斗、顽强拼搏，极大解放和发展了中国社会生产力。

党的十八大以来，以习近平同志为核心的党中央以巨大的政治勇气和强烈的政治担当，团结带领全党全国各族人民，全面审视国际国内新形势，通过总结实践、展望未来，推出1900多项具有新时代特征的一系列重大改革，把全面深化改革引向深入，啃下了不少硬骨头，闯过了不少急流险滩，改革呈现全面发力、多点突破、蹄疾步稳、纵深推进的局面。习近平总书记在党的十八届三中全会上强调，全面深化改革的总目标是完善和发展中国特色社会主义制度、推进国家治理体系和治理能力现代化。着力增强改革系统性、整体性、协同性，着力抓好重大制度创新，着力提升人民群众获得感、幸福感、安全感。

党的十九大对我国发展提出了更高的奋斗目标，形成了从全面建成小康社会到基本实现现代化、再到全面建成社会主义现代化强国的战略安排，发出了实现中华民族伟大复兴中国梦的最强音。

在庆祝改革开放40周年大会上，习近平总书记强调："40年春风化雨、春华秋实，改革开放极大改变了中国的面貌、中华民族的面貌、中国人民的面貌、中国共产党的面貌。中华民族迎来了从站起来、富起来到强起来的伟大飞跃！中国特色社会主义迎来了从创立、发展到完善的伟大飞跃！中国人民迎来了从温饱不足到小康富裕的伟大飞跃！中华民族正以崭新姿态屹立于世界的东方！"

二、改革永远在路上

40年的实践充分证明，改革开放是当代中国最鲜明的特色，是我们党在新的历史时期最鲜明的旗帜。改革开放是党和人民大踏步赶上时代的重要法宝，是坚持和发展中国特色社会主义的必由之路，是决定当代中国命运的关键一招，也是决定实现"两个一百年"奋斗目标、实现中华民族伟大复兴的关键一招。改革开放是我们党的一次伟大觉醒，正是这个伟大觉醒孕育了我们党从理论到实践的伟大创造。改革开放是中国人民和中华民族发展史上一次伟大革命，正是这个伟大革命推动了中国特色社会主义事业的伟大飞跃！我国过去40年的快速发展靠的是改革开放，我国未来发展也必须坚定不移依靠改革开放。要实现"两个一百年"奋斗目标和中华民族伟大复兴的中国梦，必须在新的历史起点上全面深化改革。

古人说："事者，生于虑，成于务，失于傲。"习近平总书记强调："伟大梦想不是等得来、喊得来的，而是拼出来、干出来的。"

经过40年的实践探索，经过先易后难、由浅入深的不断推进，改革已进入攻坚期和深水区，我们面对的都是难啃的硬骨头和激流险滩，遇到的阻力必然越来越大，面对的暗礁、潜流、旋涡可能越来越多。正如习近平总书记所说的："我们现在所处的，是一个船到中流浪更急、人到半山路更陡的时候，是一个愈进愈难、愈进愈险而又不进则退、非进不可的时候。改革开放已走过千山万水，但仍需跋山涉水，摆在全党全国各族人民面前的使命更光荣、任务更艰巨、挑战更严峻、工作更伟大。"我们必须以更大决心冲破思想观念的障碍，突破利益固化的樊篱，要有壮士断腕的勇气和刮骨疗伤的决心和毅力，做到改革不停顿、开放不止步，才能将改革不断推向前进。

党的十八大向全党全国人民发出了全面深化改革开放新的宣言书、动员令。面对全国各族人民的新期盼，习近平总书记旗帜鲜明地指出："站在新的历史起点上，我们的事业崇高而神圣，我们的责任重大而光荣。要实现中华民族伟大复兴，我们就必须坚定不移推进改革开放。"

党的十八大以来，习近平同志提出实现中华民族伟大复兴的中国梦，这是中华民族近代以来最伟大的梦想。实现“两个一百年”奋斗目标，实现中国梦，关键要靠改革开放。当前，国内外环境都在发生极为广泛而深刻的变化，我国发展面临一系列突出矛盾和挑战，前进道路上还有不少困难和问题。我们中国共产党人干革命、搞建设、抓改革，从来都是为了解决中国的现实问题。要破解发展中面临的难题、化解来自各方面的风险挑战，推动经济社会持续健康发展，除了深化改革开放，别无他途。

习近平总书记指出：“改革开放只有进行时没有完成时。没有改革开放，就没有中国的今天，也就没有中国的明天……改革开放中的矛盾只能用改革开放的办法来解决。”

习近平总书记在2018年新年贺词中指出，“要以庆祝改革开放40周年为契机，逢山开路，遇水架桥，将改革进行到底”。全面深化改革不仅是推进“四个全面”战略布局的强大动力，也是新时代中国特色社会主义基本方略的重要组成部分。

历史证明，一个国家只有依靠改革才能实现繁荣富强，如果不搞改革，走封闭僵化的老路必然遭致落后挨打。无论是古今中外发展的历史经验，还是党带领国家进行改革开放的伟大历程，都证明了改革是促进国富民强的有力法宝。经过改革开放40年的发展，当前我国的社会主要矛盾已经转化为“人民日益增长的美好生活的需要和不平衡不充分的发展之间的矛盾”，要解决新的社会主要矛盾，必须走科学发展道路，核心就是要持之以恒推进全面深化改革。

三、抓改革重在抓落实

全面深化改革，任重而道远，必须加强对全面深化改革的领导，才能使全面深化改革取得良好的效果、达到预期的目标。习近平总书记多次强调要抓改革的落实落地落细和生效。2013年11月12日，在中共十八届三中全会第二次全体会议上，习近平总书记指出：“各级党委要坚决贯彻中央决策部署，履行对本地区本部门改革的领导责任，把全会提出的各项改革举措落到实处。”“全面深化改革事关全局，影响深远。贯彻落实全会决定，关键是要有重点、有步骤、有秩序抓好落实和推进工作，务求必成。”“我们的政策举措出台之前必须经过反复论证和科学评估，力求切合实际、行之有效、行之久远，不能随便‘翻烧饼’，”“要强化监督检查，抓好跟踪督办，建立定期评估机制，及时分析查找存在的问题和原因，增强改革的针对性、科学性、时效性。”

2016 年 8 月 30 日，习近平主持中央深改组第二十七次会议，强调："抓督察、促落实，落实督察责任，严格督察工作要求，提高督察工作权威性和执行力。"

2016 年 12 月 5 日，中央全面深化改革领导小组召开第三十次会议。习近平总书记用四个"有利于"为改革指明前进方向。他深刻指出，要总结经验、完善思路、突出重点，提高改革整体效能，扩大改革受益面，发挥好改革先导性作用，多推有利于增添经济发展动力的改革，多推有利于促进社会公平正义的改革，多推有利于增强人民群众获得感的改革，多推有利于调动广大干部群众积极性的改革。

从改革方案制定、评估，到督察、督办，再到问责、问效，从责任主体到制度保障再到舆论支持，抓实各关口，抓实全过程，抓实各方面，坚持一抓到底，是总书记抓改革落实的基本实践脉络。

首先，严把改革方案质量关。改革方案是行动的起点、落实的依据，也需要把质量放在第一位。在习近平的论述中，可以提炼出这些衡量标准：符合实际、突出问题导向、有穿透力、有可操作性，等等。舍得下苦功夫、笨功夫，做实做细调查研究、征求意见、评估把关等关键环节，改革方案方能抓实问题、开实药方、提实举措。

其次，严把改革督察关。如果说改革方案规划了航向、航道，那么确保航船抵达彼岸，还需要源源不断的推动力。习近平高度重视督察工作，提出督任务、督进度、督成效，察认识、察责任、察作风的"三督三察"要求，正是为了给方案落实、工作落实、责任落实注入强大推动力，有效消除"中梗阻""肠梗阻"，发挥督察打通关节、疏通堵点、纠偏正向、提高质量的重要作用，确保改革方向不偏离、改革任务不落空。

四、第三方评估是推进改革落实的关键环节

如何持续推进改革，确保改革取得成效，事关全面深化改革的成败。为此，中央深改委会议多次强调改革评估的重要性，并且明确提出"评估是推进改革落实的关键环节，要加强对各领域的全面评估"。不少地方也积极探索改革评估的实践。

从国内外实施"第三方评估"的经验来看，所谓的"第三方"通常是区别于政策制定者、执行者，并与二者均不具有行政隶属关系的评估机构或者研究机构。第三方评估机构的独立性是保证评估结果公正的起点，而第三方评估机构的专业性、权威性是保证评估结果公正的基础。

改革评估、查找问题的根本目的是为了完善政策、推进改革。从这个

意义上说，开展第三方评估是政府治理能力的体现，也是提升政府公信力的重要方式。因此，要实现我国政府治理体系和治理能力现代化，需要引入第三方评估，发挥改革评估的监督、咨询功能，保障改革执行和落实到位，并根据实践反馈持续完善改革。

第三方评估机构作为一个独立主体，结合大数据分析技术和传统的社会调查方式，对改革进行动态评估，能够弥补一些地方“供给导向”政策模式的弊端，开始公众“需求导向”的改革新理念，有效监督和推进改革。

改革是否符合法律、政策的规定，是否符合全面深化改革的总目标，是否回应公众对于改革的诉求，是否考虑到改革政策方案制定者、执行者、目标群体的共同参与，是否有更广泛的社会知晓度等，都需要在改革方案设计成型后进行评估。

针对改革方案、改革推进和改革效果的问题，第三方评估机构通过设计科学的指标体系，对改革进行评估，能够有效地发挥评估的引导、监督功能，通过对改革的运行机制、运行效果和保障制度进行评估，对改革实施后的任务执行效果和体制机制创新评估，不仅可以监督改革落实的进度和效率，还能够提升改革落实的质量和效能。

通过改革评估，不仅能够展示成绩、总结经验，而且通过将改革评估纳入政府绩效考核，激励那些改革方案制定科学、改革推进机制顺畅、改革成效显著的地方或部门；对改革不积极、落实不到位的地方或者部门则形成一定的压力，由此“倒逼”改革不断推进。

五、湖北省全面深化改革第三方评估的积极探索

伴随着全面深化改革大幕的拉开和持续推进，通过第三方评估对改革全流程进行客观、公正、科学的评估，不仅是监督改革落实的重要方式，也是通过“诊断”问题完善改革、提升改革效果，推进全面深化改革战略部署不断落到实处的重要制度。湖北省在全国率先进行了省域全面深化改革第三方评估的探索。2014 年 6 月，湖北省全面深化改革评估中心作为湖北省委改革办（省委政研室）十大改革智库之一，在湖北省社会科学院正式成立。受湖北省委改革办的委托，2014～2017 年，湖北省全面深化改革评估中心连续 4 年对湖北省 17 个市州、50 余家改革牵头单位进行全面深化改革第三方评估，在全国开了先河、走在前列。评估报告发布后，全国有 70 多家媒体进行了报道，中央电视台《新闻联播》节目对湖北改革督察进行报道时也采用了评估中心的评估结论，全国 20 多个省市的改革办、

社科院、党校等科研单位和评估机构来电来函来人学习交流。2018 年，评估中心走出湖北省，承接了甘肃省全面深化改革的第三方评估。几年来，评估中心不断探索改革评估方法和完善改革评估指标体系，评估成果也得到了业界和相关部门的充分肯定和一致好评。通过第三方评估，客观地总结经验、查找问题、提出建议，将评估结果纳入政府综合绩效考核，倒逼改革，增添改革新动力，打通改革落实的最后一公里，形成领导亲力亲为抓改革、老百姓热情关注改革和积极参与改革的良好改革氛围，促进了改革更好地落实落地生效，更好地实现了改革的目标，增强了人民群众的获得感。

目　录

第一章　第三方评估的概念和理论基础

“第三方”的概念最早是由美国学者于 20 世纪 80 年代提出来的，随着第三方评估实践的广泛开展，对第三方评估的理论研究也越来越受到学界的重视。本章将对第三方评估的概念，第三方评估的兴起与发展以及第三方评估的理论基础进行系统梳理。

第一节　第三方评估概述

一、第三方评估的概念

近十几年来，随着政府绩效评估实践的发展及其评估主体多元化的提出，第三方（the third party）评估的客观性、公正性、专业性和权威性等优势，得到了国内外各界的认同和推崇，其概念、理论与实践，已成为学术界重点研究的课题。

从国外学者的研究看，最早进行政策第三方评估始于 19 世纪晚期美国的教育评估。[①] 但在国外专门针对第三方评估的界定文献并不多见，多数学者的研究都是以“第三部门”概念出现。如最早提出“第三方”（the third secter）概念首推美国学者西奥多·莱维特（Theodore Levitt，1973），他认为，以往将社会组织分为公共组织和私人组织的分类过于简单粗糙，忽略了一批处在政府公共组织与营利组织之间的其他社会非政府组织和非

① James P. Lester and Joseph Stewart，Jr. Public Policy：An Evolutionary Approach［M］. 北京：中国人民大学出版社，2004：126－127.

营利组织，在这二者间的组织就是第三部门，也叫第三方。[①] 由此可知，这是以社会组织体系分类来界定第三方的。美国经济学家伯顿·韦斯布罗德（Burton Weisbrod，1974）在其政府失灵理论中，通过论证政府和市场在提供公共物品上的局限性时，论述了“第三部门”存在的必要性和政府与“第三部门”之间的互补关系。[②] 美国约翰·霍普金斯大学第三部门公共政策研究中心的萨拉蒙教授从特征上认定第三部门，认为凡符合组织性、民间性、非营利性、自治性和志愿性五个特性的组织都可视为第三部门。[③] 2009 年，他在《新政府治理与公共行为的工具对中国的启示》一文中进一步指出，公共部门授权，“第三部门”组织与公共部门之间建立了正式的共生关系，从而政府部门获得了重要的同盟力量。[④] 詹姆斯·莱斯特和约瑟夫·斯图尔特（James P. Lester and Joseph Stewart）认为，第三方是指政策制定者和执行者之外的人员，即独立于政策制定方和政策执行方之外的一方。[⑤] 这一解释没有道出第三方一定是由第三部门组织的那一方。米切尔·埃文斯和约翰·希尔兹（Mitchell Evans and John Shields）从功能性视角出发，认为第三部门提供了广泛多样的有形的或无形的公共物品和管理测量。[⑥] 美国学者尼古拉斯·亨利同样认为，“为了制衡起见，由政府外部机构或是第三方来进行评估是可取的”。[⑦]

从以上表述可以看出，国外学者对“第三方”有着不同的理解，但都论及了第三部门组织参与政府公共管理的必要性及其作用，在第三方的概念上比较偏重于从社会组织体系视角去划分第三方，即以第三部门组织替代第三方，或者以政策制定主体和政策执行对象来划分第三方，因此第三

---

① Theodore Levitt. The Third Secter: New Tactics for a Responsive Society [M] . New York: AMA-COM, 1973.

② Burton Weisbrod. Toward a Theory of the Voluntary Nonprofit Sector in Three-Sector Economy [M]. Altruism Morality and Economic Theory, 1974.

③ Lester M. Salamon. The Rise of the Nonprofit Secter. Foreign Affairs, 1994, 73 (3) .

④ [美] 莱斯特·萨拉蒙. 新政府治理与公共行为的工具对中国的启示 [J] . 中国行政管理, 2009 (11) .

⑤ James P. Lester and Joseph Stewart, Jr. Public Policy: An Evolutionary Approach [M] . 北京: 中国人民大学出版社, 2004: 126 – 127.

⑥ B. Mitchell Evans, John Shields. Neoliberal Restructuring and the Third Secter: Reshaping Governance Civil Society and Local Relation, 2000.

⑦ [美] 尼古拉斯·亨利. 公共行政与公共事务 [M] . 张昕, 等译, 北京: 中国人民大学出版社, 2002: 320.

方评估的概念界定尚未形成统一认识。其实，从西方国家“第三方评估”的实践来看，第三方评估广泛运用于政府组织、各类经济组织、教育组织和商业企业等领域。在西方国家的政府绩效评估中，多数情况下，充当“第三方”的是：非政府组织（non-government organisation，NGO），即半官方智库、民间智库、专门研究机构或一些专业性咨询评估机构和非营利组织（主要是社团组织）。这些第三方评估机构可以保证作为“第三方”的独立性、专业性、权威性的要求而开展评估活动，其评估结果因较为客观、公正、科学而受到公众的信任和认可。《全球智库报告（2014）》中指出，全球共有6681家智库，其中美国1830家，中国429家，英国287家。如美国布鲁金斯学会、兰德公司、胡佛研究所、纽约市政研究院、美国卡内基和平基金会、美国锡拉丘兹大学坎贝尔研究所、美国政府会计准则委员会（The Government Accounting Standards Board，GASB），英国皇家国际事务研究所、英国政策研究中心（Centre for Policy Studies，CPS）、英国智库查塔姆学会（Chatham House）等，它们都是该国公共政策和政府绩效评估的主体力量。

从国内学者研究看，第三方评估这一“舶来品”引进我国后引起学者广泛的关注与研究兴趣。首先，从20世纪90年代起，学者们就开始研究第三部门组织的特征及其界定，有代表性的观点：王绍光（1999）认为，凡是具有以下几个特性的组织皆可称之为第三部门组织，即非营利性、中立性、自主性、使命感、多样性、专业性、灵活性、开创性、参与性和低成本。[①] 康晓光（1999）认为，只要是依法注册的正式组织，从事非营利性活动，满足志愿性和公益性（或互益性）要求，具有不同程度的独立性和自治性，即可称为中国的“第三部门”。[②] 第三部门组织概念不完全等同于第三方评估概念中的“第三方”，但第三方评估中的“第三方”基本上从第三部门组织中产生。

随着对第三部门的研究、第三部门自身的发展以及政府简政放权改革的深化和政府绩效评估实践的应用与推广，我国政府绩效管理第三方评估呼之欲出，从2004年12月起，我国开始了第三方评估的实践，即“兰州

① 王绍光．多元与统一第三部门国际比较研究［M］．杭州：浙江人民出版社，1999：16.

② 康晓光．转型时期的中国社团［J］．中国青年科技，1999（3）．

试验”的第三方政府绩效评价，实现了地方政府绩效评价由内部评价向外部评价的转变。在此背景下，国内学者对第三方评估的研究也多了起来，但“第三方评估”的概念与内涵被赋予了不同于西方学者的多种理解。代表性观点比如，彭国甫（2004）①、陆明远（2008）②、潘旦等（2013）③ 认为，第三方评估又称“社会评估”，主要包括公民个人、社会团体、社会舆论机构、中介评估机构等通过一定程序和途经，采取各种方式，直接或间接、正式或非正式地评估政府绩效。这种对第三方评估的界定比较宽泛且模糊。

倪星、余凯（2004）认为，在第三方评估中，第一方评估是指政府内部评估，第二方评估是指来自普通公众的外部评估，不同于这两方的是独立的专业性机构评估。④ 程祥国、李志（2006）则认为，第三方评估是区别于由政策制定者和执行者之外的人员进行的正式评估。第三方的主体可以是多样的，包括受行政机构委托的研究机构、专业评估组织、中介组织、舆论界、社会组织和公众，特别是利益相关者参与等多种评估主体。⑤

郑方辉、毕紫薇（2009）指出，“第三方评估”是与政府无隶属关系和无直接利益关系的独立第三方部门和民间机构所组织实施的评价公共部门绩效的活动，具有独立性、专业性、多样性和民间性等特征。⑥

包国宪、张志栋（2008）给出了与倪星所界定的“第二方评估”不同的解释，认为第三方评价是指由与政府无隶属关系和无直接利益关系的第三部门和民间机构所组织实施的评价政府及其部门绩效的活动。⑦ 2010 年，包国宪等对第三方的构成又作了进一步的细化，即第一方评价是指政府部门组

---

① 彭国甫．对政府绩效评估几个基本问题的反思［J］．湘潭大学学报（哲学社会科学版），2004（3）．

② 陆明远．政府绩效评估中的第三方参与问题研究［J］．生产力研究，2008（15）：121－122.

③ 潘旦，向德彩．社会组织第三方评估机制建设研究［J］．华东理工大学学报（社会科学版），2013（1）．

④ 倪星，余凯．试论中国政府绩效评估制度［J］．政治学研究，2004（3）．

⑤ 程祥国，李志．独立的第三方进行政策评估的特征、动因及对策［J］．行政论坛，2006（6）：51－52.

⑥ 郑方辉，毕紫薇．第三方绩效评价与服务型政府建设［J］．华南理工大学学报（社会科学版），2009，11（4）：33－38.

⑦ 包国宪，张志栋．我国第三方政府绩效评价组织的自律实现问题探析［J］．中国行政管理，2008（1）．

织的自我评价；第二方评价是指政府系统内，上级对下级做出的评价，这都属于内部评价。而第三方评价是指由独立于政府及其部门之外的第三方组织实施的评价，也称外部评价，通常包括独立第三方评价和委托第三方评价。①

徐双敏（2011）将西方国家第三方评估的实践经验总结为："第三方评估"是一种外部评估机制，即第三方是指处于"第一方"（被评价对象）和"第二方"（服务对象）之外的一方。由于"第三方"与"第一方"和"第二方"都既不具有任何行政隶属关系，也不具有任何利益关系，所以一般也会被称为"独立第三方"。②

杨小军、陈庆云（2014）认为，第三方评估是由评估主体和被评估主体之外的与二者无利害关系的外部主体进行的评估，认为第三方评估机构由专业人士组成，拥有专业的技术水准，管理科学，信息透明，态度中立，评估结果公正客观，具有独立性、科学性、权威性和客观性等显著特点，在各类评估中发挥着独特的作用。③

张旭、李会军（2016）认为，第三方评估指相对于"第一方"（委托方）和"第二方"（承担方），由独立于项目契约或政策之外的第三方所进行的描述、收集和分析有用的客观资料并将资料转变成具有逻辑关系的信息，提供给决策者作为主观价值判断的一系列工作活动。④ 这倾向于对评估内涵的解释，没有突出对"第三方"的概念解释。

李志军（2016）认为，第三方评估是相对于政府内部自我评估（第一方评估）和政府系统内上级对下级的督查评估（第二方评估）而言的，在独立于政府运行之外，具有较强专业性的组织机构对公共政策、组织绩效进行的外部评估。在政府绩效评估主体多元化中，官方智库、一些市场专业咨询机构、其他各类智库以及高校科研机构、媒体等共同构成中国第三方评估的主体力量。⑤

通过比较国内外学者对第三方评估概念界定及其内涵的辨析，本书认

① 包国宪，董静，郎玫，王浩权，周云飞．第三方政府绩效评价的实践探索与理论研究——甘肃模式的解析［J］．行政论坛，2010，17（4）：7－11.

② 徐双敏．政府绩效管理中的"第三方评估"及其完善［J］．中国行政管理，2011（1）．

③ 杨小军，陈庆云．法治政府第三方评估问题研究［J］．学习论坛，2014（12）．

④ 张旭，李会军．经济体制改革试点第三方评估理论基础与未来发展［J］．经济体制改革，2016（1）：5－13.

⑤ 李志军．第三方评估理论与实践［EB/OL］．中国社会科学网，2016－08－20。

为，国外学者偏重于从组织体系分类或从评估对象与服务对象划分来界定第三方评估。国内学者偏重于从评估体制安排来界定第三方评估。以国内学者包国宪和李志军对第三方评估的界定为例，他们界定的层次性较强，且清晰，他们认为，第一方评估是政府部门内部评估；第二方评估为政府部门垂直评估或横向评估；第三方评估是非政府部门组织的评估，即外部评估。

本书比较认同这样的界定，认为第三方评估的内涵至少要体现以下几个特点。

（1）第三方评估是相对于政府部门评估以外的非政府部门组织、非营利性组织、市场专业性组织等对政府部门绩效开展的评估，即外部评估，这种评估体制有着较强的独立性、专业性、中立性等特点，其中，“独立性”被认为是保证评估结果公正的起点，“专业性”被认为是保证评估结果公正的基础。

（2）承担第三方评估的主体组织可以是学术研究型组织、官方智库、高校里的相关专业研究机构、市场专业性咨询公司、行业社团组织。而参与评估的组织和个人可以是社会舆论机构、有相关资质的中介组织和公民个人等，以体现服务对象对政府的满意度。

（3）第三方评估主体所要评估的对象是对政府组织绩效的评估，而非个人绩效评估。对前者的评估是作为政府组织的整体性所表现出来的绩效和结果，包括开展公共项目的行政效率、对公共服务的公众满意度以及行政成本和公共支出等内容与行为。

（4）第三方评估主体与被评估对象以及相关管理部门当事人没有直接的利益关系。

（5）从评估方法看，第三方组织根据相关决策机关和管理部门提供的评估指标体系、标准、要求，收集一定时期的相关指标数据，并通过调研公众诉求，征集群众的意见和建议，按照一定的程序，通过定量定性对比分析，对某评估对象（政府或政府部门）一定时期间的业绩做出客观、公正和准确的综合评判。

第三方评估作为政府管理方式的创新工具和政府绩效管理的重要形式，弥补了传统政府自我评估的缺陷和不足，从而形成了一种有效的外部制衡机制。第三方评估作为推进治理体系以及治理能力现代化的必然要求和政府管理创新的必然选择，已经成为督导各级地方政府改革的重要方式，成为推进政策落实的重要利器，成为提高政府决策水平和政策执行力的重要举措。第三方评估活动的独立性、专业性、客观公正性等特点，对合理配置社会资源，提升依法行政能力和工作绩效，促进服务型、效能型政府建设具有积极的推动作用。另外，第三方评估作为一种监督机制，对完善政府部门的治理、促进廉洁型政府的建设也有重要的促进作用。

二、第三方评估的特征

第三方评估除了人们常说的独立性、专业性和权威性之外，还具有多元性、公开性、契约性、竞争性的特征。

（一）多元性

首先，第三方评估参与方式多元性，包括普通民众、社会代表、企业、媒体舆论、社会组织等，如民众“万人评议政府”。其次，第三方评估主体多元性，即多个评估主体组成联合评估组，根据分工来共同评估一个政策项目完成情况。如对《国家知识产权战略纲要》实施五年的第三方评估就是典型案例。为推进国家知识产权战略继续深入实施，及时掌握《国家知识产权战略纲要》五年目标完成情况，国务院发展研究中心、国家科技评估中心、北京美兰德信息公司与国家知识产权局保护协调司组成联合评估组，分别从创造与运用、保护管理和基础环境三个专题，对国家知识产权战略实施情况开展全面评估。最后，第三方评估的对象和内容多样性，包括目标责任制、政府效能建设到社会服务承诺制以及公众满意度等。

（二）公开性

公开性可以指第三方评估的起点公开、过程公开、结果公开。其中，评估起点公开，即对被评估部门、评估项目在网上公开招标，公开进行。评估过程公开，强调第三方评估方式不是唯一的和孤立的，而是要体现新闻舆论、公众以及人大、政协等其他外部力量的参与和监督，以体现与第三方评估互动的作用。评估结果的公开强调评估报告不能只被少数决策者阅读，而是要让社会公众都可以便捷、廉价、无障碍地读到评估报告信息。开放的市场为第三方评估提供了可能的基本要件。从宏观方面来说，开放性的市场遵循平等互利、合作共赢的开放战略。从微观方面来说，开放性的市场能够包容地尊重不同群体的平等权利、对待民众的利益诉求，允许公民自由地表达对政府部门的意见，以达到协同治理的目的。

（三）契约性

无论是独立的第三方评估还是委托第三方评估都必须以契约的形式推动和实施。只有经过一定的法律程序，按市场规律办事，签订契约协议，被评估方按合同支付一定费用，那么第三方评估才能顺利进行。我们知道，承担第三方评估的社会组织是在市场经济得到充分发展的基础上形成和成熟的，从一定意义上来说，第三方评估也是政府、市场、公民共同选择的结果。既然，第三方评估主体通过建立契约而获得独立评估的合法性，那么，第三方评估的社会责任也由契约所规定。因此，第三方与政府、社会之间的契约关系规定了第三方有责任、有义务遵循契约规定，第三方的一切行为必须符合政府以及相关部门、公众的期望。

（四）竞争性

在开展第三方评估的过程中应体现多元评估主体之间的竞争格局，要运用市场机制和公开公平竞争机制来开展，即评估组织通过专业性竞标或竞争性谈判等方式，从而获得独立第三方评估或委托第三方评估的资格。这种竞争性评估模式是解决恶性市场竞争和规范评估市场行为的必要方式。政府主管部门在实施公共部门的公共事务绩效评估时引入市场机制和竞争机制，能够提升公共部门管理与公共事务治理的有效性，从而防止政府公共部门官僚化以及绩效评估垄断化而造成寻租、腐败等低效化评估供给的现象发生。

三、开展第三方评估应坚持的原则

（一）坚持服务中央政府和地方政府决策原则

第三方评估应着眼于“五位一体”总体布局和“四个全面”战略布局，围绕国家和地方经济社会发展大局，以对党和人民高度负责的态度，认真开展第三方评估，确保评估工作取得良好成效。

（二）坚持公正公开原则

第三方评估应坚持实事求是，严格遵守相关法规制度，评估客体提供客观真实、完整详细的数据资料，第三方评估机构以实际情况为基础，独立完成评估工作，通过系统深入调查，分析得出客观公正的评估结论，确保评估中立性和公信力。公开性原则是指绩效评估过程要透明，各项评估结果应按相关法律、《信息公开条例》公开，但涉及国家机密、个人信息等敏感绩效信息除外。

（三）坚持科学规范原则

第三方评估的评估方法、评估指标设计要科学规范，数据采集要深入细致，分析论证严谨可靠，评估活动流程要缜密规范，听取群众等各方面的意见和建议，绩效评估是对结果而非管理过程的评估，因此评估结论要经得起时间和历史检验。

（四）坚持注重实效原则

第三方评估应突出问题导向和实践导向，认真查找政策实施中的突出问题，科学总结重大政策实施后的实际成效，努力提出专业化、建设性、切实管用的对策建议，通过"以评促建"等，使评估活动能促进被评估部门改进工作方法，提高政策执行水平。

（五）坚持注重内外结合评估原则

第三方评估只是政府绩效内部评估的补充和完善，不是唯一的评估主体和形式，应该将内部考核评估与外部评价相结合。要在继续开展内部评价，充分发挥内部评价的信息获取方便和导向性强的优势情况下，积极引入第三方评价机制，开展外部评价，让社会和公民广泛参与对政府绩效的评价，并将这种做法制度化、规范化、科学化。要对政府部门的职能履行、廉政建设、执法状况等整体表现方面的内容进行评价，结果要反映公民的认可或满意程度。

四、第三方评估的基本性质

（一）第三方评估是一种有用的公共治理方式

第三方评估作为公共管理过程中的一项措施，是在现存政治制度的基本框架内、在政府部分职能市场化和公共服务输出市场化以后、在政府公共部门与公众关系基本定位的前提下采取的公共治理方式。其目的是维系现存的生产关系、建立和发展新的公共责任机制、解决各种利益冲突、缓解各种社会危机、提高公共服务质量，它是公众表达利益和参与政府管理的重要途径与方法，体现了政府管理对民主、法治和社会公平等价值的追求。

（二）第三方评估是一种市场责任机制

第三方评估作为一种市场责任机制，也就意味着这样一种制度设计：在该制度框架下以取得的结果而不是以投入要素作为判断政府公共部门的标准。奥斯本与盖布勒认为政府绩效评估就是改变照章办事的政府组织，谋求有使命感的政府，改变以过程为导向，谋求以结果为导向的控制机制。政府绩效评估这种市场责任机制就是社会公众或顾客对公共服务的直接选择，政府公共部门应对社会公众或顾客负责。没有社会公众或顾客的选择就难以形成市场机制，就不能激发公共服务供给者的竞争，最终也就难以形成公共责任机制。

（三）第三方评估是提高政府合法性的有效工具

政府公共部门行使公共权力主要是为了实现公共利益、有效提供公共服务和主动为公众谋福利。公众成为政府管理活动服务的对象，是公共服务的顾客和消费者。因此，根据社会公众或顾客的需要提供公共服务成为政府管理的应有之义。在这种关系前提下，第三方评估蕴涵的服务和顾客至上的管理理念强调政府管理活动必须以顾客为中心、以顾客的需求为导向；强调政府是公共服务的供给者，应增强对公众需求的回应性，注重管理活动的产出、效率与质量。为此，按照顾客的要求提供服务、让顾客做出选择的有效方法在实践中得以实行。第三方评估为改善政府公共部门与公众的关系、加强公众对政府信任、实现“更有回应性、更有责任心和更富有效率”的政府改革目标提供了具体措施。

第二节　第三方评估的兴起与发展

20 世纪 70 年代末以来，西方发达国家普遍开展政府改革，即“新公共管理运动”，使绩效评估在政府管理中得到了广泛应用。其实，第三方评估的历史悠久，人们将 1847 年成立的美国医学协会看作是美国最早的评估中介机构。而真正的绩效评估始于 20 世纪 50 年代美国的绩效预算制度。

出于社会经济发展的需要，二战后逐步产生并发展起来的第三方评估，率先在美国国内推行。[①] 随着评估业务和评估项目的展开，评估规模范围扩大，涌现了较为知名的评估专业组织，如兰德公司、布金斯研究所、现代问题研究所等。在理论研究方面，赫伯特·西蒙等行政学者对行政效率改进和评估提出了非常有益的建议，其主要思想在克拉伦斯·里德利和赫伯特·西蒙1938年合作出版的《市政活动的评价》以及西蒙本人1947年出版的《管理行为——管理组织决策过程的研究》中得到了集中体现。

20世纪70年代，西方国家对政府绩效的理论研究和实践进入一个新的阶段。在行政效率实践活动方面，美国两届“胡佛委员会”（Hoover Committee）和1973年尼克松政府颁布的“联邦政府生产率测定方案”（The Federal Government Productivity Measurement）[②]；英国1979年掀起的新公共管理运动序曲的“雷纳评审”（Rayner Scrutinies）等，开创了第三方部门对政府绩效研究和实践的新局面。20世纪80年代以来，在理论研究方面关于绩效预算公共管理的技术与方法等著作和论文大量涌现。第三方评估在西方发达国家行政体制改革过程中经历了一个较长的发展时期，从效率政府到顾客至上再到追求公共责任为核心的评估目标和评估内容。第三方评估以其多样性功能影响着西方发达国家的政府经济体制改革和政府行政体系改革的进程。以英美为例，将其发展过程综述如下。

一、第三方评估的萌芽阶段

早期的第三方评估实践发源于美国，20世纪初，美国行政学家吉特·波科特在《公共生产力的历史演变》中将这一时期的公共行政称为“效率政府”时期。1906年，美国的布鲁尔（Bruere）等人发起成立了纽约市政研究院（The New York Bureau of Municipal Research）。1907年，纽约市政研究院运用社会调查、市政统计和成本核算等方法和技术率先开始了对纽约市政府绩效评估实践，并建立了三种类型的第三方评估：一是评估政府活动的成本与投入；二是评估政府活动的产出；三是评估社会条件。纽约

① Bernardin, H. J. and Beatty, R. W. Performance Appraisal: Assessing Human Behavior at Work [M]. Noston: Kent Publisher, 1984.

② Geert Bouckaert. The History of the Productivity Movement [J]. Public Productivity and Management Review, 1990.

市政绩效评估的实践着力于探索如何提高市政效率的路径，从而开启了第三方评估的先河。①

早期萌芽阶段第三方评估的背景整体上是传统行政模式，其研究方法受到科学管理运动和一般管理理论的影响，西方学者大多采用基于技术效率（机械效率）的研究方法，而当时的政府绩效评估事实上主要是指财政效率等测算性指标研究。但以萌芽形式出现的第三方评估至少在传统行政模式中创造了一种评估政府的观念，并出现了一些专门研究政府绩效的组织和学术团体，为后来第三方评估的发展奠定了的基础。

二、第三方评估的起步阶段

20 世纪 40 ~ 70 年代的第三方评估不同于萌芽时期，早期的第三方评估研究事实上是传统行政模式的延续，又被称为“效率研究”。40 年代，在美国胡佛委员会的推动下，理论界与政府部门对绩效评估与绩效预算的关注都有了进一步提升，“政府的行政机构，特别是预算署，开始制订工作绩效考核办法和工作绩效标准”。② 40 年代中期，西蒙在《市政工作衡量：行政管理评估标准的调查》中提出了评估的需求、结果、成本、努力、业绩五个方面的内容。1949 年，胡佛委员会将自己的报告称为绩效预算，从而开创了政府绩效预算的新时代。所谓绩效预算，尼古拉斯·亨利将其定义为“按照运作和方案来组织，并把运作和方案的绩效水平和具体的预算数额联系起来的预算”。这里主要有两层含义，一是方案预算，强调要制订方案，并按照具体的方案制订预算；二是注重机构实际的绩效和考核，要将最后的考核结果与预算额进行比较。这两者在绩效预算中缺一不可。在此基础上，60 年代末至 80 年代初，美国政府又相继实行了“计划—规划—预算”（PPB）、目标管理（MBO）和零基预算（ZBB）。这对政府预算管理和控制成本、提高公共部门生产率和解决特殊问题都有着重要作用。

---

① D. W. Williams. Messuring Government in the Early Twentieth Century [J]. Public Administration Review, 2010, 63 (6): 643 - 659.

② Richard C. Kearney, Evan M. Berman. Public Sector Performance: Management, Motivation and Measurement [M]. Colorado: Westview Press, 1999.

三、第三方评估的发展阶段

20 世纪 70～80 年代是第三方评估大规模发展的阶段。1970 年，美国参议员威廉·普罗克斯迈尔要求对联邦政府的效率进行评估，总审计署着手这项工作。随后，国会通过了一系列法案以适应生产率改进的发展要求。1973 年，尼克松政府出台了《联邦政府生产率测定方案》，试图将政府绩效评估系统化、规范化、制度化。70 年代末至 80 年代，美国政府绩效评估在全面质量管理、对结果为导向的评估研究和实践取得了显著的成就，如评估重心的转移、评估方式的转变等。在英国，1979 年，撒切尔政府的上台开始了英国“新公共管理”的改革，其私有化、竞争机制、分权化、服务质量、绩效评估的改革理念使英国当仁不让地被称为当代行政体制改革的先驱。在“效率优先战略”的指导下，撒切尔政府相继推行了雷纳评审、部长管理信息系统、财务管理新方案等改革措施，极大地推动了第三方评估在政府部门中的应用。撒切尔执政伊始，就立即任命雷纳爵士为首相的效率顾问，并在内阁办公厅设立了一个“效率工作组”，负责行政改革的调研和推行工作，对中央政府各部门的运作情况进行全面的调查、研究、审视和评价活动。这就是英国著名的“雷纳评审”。这一时期绩效评估的侧重点主要是经济、效率和效益。

80 年代，英国政府绩效评估的成功实践以及后期的“下一步行动方案”、“公民宪章”运动、“竞争求质量”运动，开创了质量和顾客满意的新方向，从而促进了英国政府绩效评估活动的进一步强化。1980 年，环境大臣赫塞尔廷在环境部内建立的部长管理信息系统是为整合目标管理、绩效评估等现代管理方法而设计的信息收集和处理系统。将绩效评估、目标管理、管理信息系统相结合，使公共部门绩效评估更具有战略性、持续性。1983 年，英国颁布了《国家审计法》，规定成立国家审计署以确保主计审计长履行其职责，首次从法律的角度表述了绩效审计。1989 年出台了《中央政府产出与绩效评估技术指南》。

撒切尔政府推行的“下一步行动方案”和梅杰政府的“公民宪章”运动，使政府管理模式开始发生一些根本性变化，即实现了从“规则为本”向“结果为本”转变、从隶属关系向契约关系转变、从过程控制向结果控制转变、分权制度化趋势。这些改革措施又进一步强化了质量和为顾客服务的改革思想。这一时期英国的第三方评估呈现出普遍化、规范化、法制化、系统化、科学化和经常化特点。

四、第三方评估的深化阶段

从20世纪90年代至今，西方国家政府的第三方评估进一步深化。从制度上看，进入90年代以后，在美国，第三方评估的发展出现了逐步走向制度化、规范化和法制化的新趋势。1993年初，克林顿总统成立了由副总统戈尔主持的国家绩效评审委员会（National Performance Review，NPR）。该委员会于1993年9月提交的第一份报告《从繁文缛节到以结果为本——创造一个工作更好并且花费更少的政府》（From Red Tape to Result：Creating a Government That Works Better and Cost Less）中，提出了384项建议、1250个具体的步骤，为克林顿政府行政改革提供指南。1993年7月，美国国会通过了《政府绩效与结果法案》（The Government Performance and Results Act，GPRA）[①]，该法案标志着议会对行政部门的监督开始转到“绩效”和“结果”上来，并确立了结果导向性绩效评估体系。之所以从过程评估走向结果评估，是由于公共管理的最终目的是要满足公众的共同需求，而不只是提供公共产品和公共服务。[②] 从评估实践看，独立评价的第三方组织有：纽约市政研究院、锡拉丘兹大学坎贝尔研究所、政府会计准则委员会（The Government Accounting Standards Board，GASB）等，这些组织都是第三方评估的重要力量。其中，纽约市政研究院是由布鲁尔等人发起成立的以民间组织的名义专门研究政府绩效的组织，而锡拉丘兹大学坎贝尔研究所则自1998年起就陆续与美国的政府管理杂志合作，运用社会调查、民意测验等方法，定期征求社会公众对政府工作的满意程度，作为对政府绩效评价的最终依据，每年对美国的35个大城市进行绩效评估，并曾先后两次对全美50个州政府展开了大规模的绩效评测活动，发布评估报告，在美国社会产生了广泛的影响。GASB成立于1984年，是由美国财务会计基金会资助成立的专业性非政府组织。GASB既和州政府合作，也和地

① K. Mackkay. How to Build Monitoring and Evaluation Systems to Support Better Government [M]. The World Bank, 2007.

② H. Harry. How Effective are Your Community Services? [M]. Washington, DC: Urban Institute and International City/County Management Association, 1992: 66.

方政府合作，进行了大量的评估活动，并将绩效评估结果定期在网站上发布，名为《服务成果与业绩》（Service Efforts and Accomplishments，SEA），以便让被评估政府辖区的公民了解政府绩效情况。GASB 由于与政府和被评机构无任何利益关系，它们凭借其自身的公益性、专业性地位，以及工作的公开性、规范性，使美国政府和公民对该组织的评估结果高度认同。由此可见，美国作为成熟的市场经济国家，非政府组织的发展也比较成熟，所以政府评估与非政府组织合作成为很自然的选择，这种合作也可以使政府的成本降到最低。

在英国，1997 年，布莱尔工党政府上台，基本上保持了保守党政府的改革方针和基本思想，但有所不同之处是：布莱尔政府提出了以“合作政府”模式取代先前的“竞争政府”模式。1999 年 2 月，英国颁布了《地方政府法》，规定地方政府必须实行最佳绩效评价制度，各部门每年都要进行绩效评估工作。[①] 布莱尔政府积极引进基准比较技术，将公民宪章更名为“服务第一”，并设立了公民评审小组，以及在地方政府层次上推行“最优价值”（best value，BV），布莱尔政府重点强调结果导向和公众的广泛参与，把绩效评估作为监控质量的主要途径，改进评估和审查的原则，成立公民评估质量组织，加强政府与公民的互动。

2009 年 2 月，英国绩效评估有了新发展，即出台了“全面地区评价”（Comprehensive Area Assessment，CAA）体系。该评估体系是由国家审计委员会、医疗卫生、交通、环境保险、教育标准局等 7 个组织在总结之前的各种绩效评估的基础上制定的，并于 2009 年 4 月 1 日开始实施。全面地区评价着眼于反映政府为整个地区民众提供的公共服务，也对地区内单个公共组织进行评价。全面地区评价体系是一种新的绩效评价体系，它吸收了“全面绩效评价”（Comprehensive Performance Assessment，CPA）的优点，是对 CPA 评估模式的超越和创新，如建设电子化政府，增强政府的回应性，可以说，英国行政改革的过程就是政府绩效评估的实践过程。

英国政府开展第三方评估的特点与经验是：将改革、法制与创新相结合。英国一直将第三方评估作为公共行政改革与创新的助推器，第三方评

---

① 蓝志勇，胡税根．中国政府绩效评估：理论与实践［J］．政治学研究，2008（3）：106－115.

估围绕行政改革分阶段稳步推进，从效率优位到质量优位，再到改革优位都是围绕改革与创新来展开和发展的。具体历程：（1）初期政府绩效评估侧重点追求经济效率，追求投入产出比的最大化。（2）进入20世纪90年代后，关注的焦点逐渐转向了效益和“顾客满意”，质量和效益被提到了重要地位。（3）英国政府推行绩效评估措施具有系统设计、稳步推行的特征。在指标的确立和分析方法上，呈现由定性转向定性与定量相结合，采取科学的统计分析方法。（4）英国政府积极培育第三方评价机构，使其承接政府转移的评价职能，并在此基础上进一步让渡管理权，建立专业管理机构全权负责资质审核、评价授权和监督管理职能。通过设置清晰明确的管理规则、发布实用高效的指导方案及运行强有力的认证程序，以保障第三方评价机构的公信力和权威性。（5）英国政府着力构建起第三方评价机构的多元结构，所有评价机构遵循评价制度公开和评价过程与结果透明的信息公开原则，积极引入竞争机制，将评价服务质量和声誉作为公众评判第三方评价机构可信度的标准。（6）英国第三方评价建立了一套完善的多圈层监督体系，既有上位机构的强力监管和风险预警，也有中位层面的行业自律，还包括下位民众检举的综合性监督体系，从而完善了利益主体监管的舆论监督机制。

美国的第三方评估特点与经验：（1）科学指导与立法规制相结合。美国是这种政府绩效评估类型的代表，美国历届政府都十分重视对科学管理工具的运用，以降低行政成本和提高政府绩效。其政府绩效评估首先以立法的形式确定，评估由联邦政府各部门到所有州政府再到县一级政府，逐步深入发展。（2）美国政府绩效评估的动机趋向于更为广泛的目标，即从单纯的“追求效率”和“控制成本”逐步转变为对“效益”的有机整合，并最终深化为“提高公共责任、效率、效益”等多项目标的综合体系。（3）多措并举的政府行政改革思路。特别是小布什接任总统后，联邦管理和预算局于2002年开发并实施项目评估分级工具（program assessment rating tool）。该项政策是在项目评估的基础上，划分评估等级并对外公布，从而更进一步提升了评估结果的透明度。[①] 联邦政府的改革持续进行，并

① J. D. Breul. Three Bush Administration Management form Initiatives: The President's Management Agendas, Freedom to Manage Legislative Proposals, and the Program Assessment Rating Tool [J]. Public Administration Review, 2007, 67 (1): 21-26.

着手实施如下的改革策略：一是改革公务员制度，建立和完善结果导向的绩效评估体系，奖励有卓越表现的人员，以吸引更多优秀的人才从事公共服务；二是推行竞争性采购，以节约政府成本，提高绩效；三是加强绩效审计，强化政府责任；四是建设电子政府，增强政府的回应性；五是强调绩效与预算紧密挂钩，从资源配置方面推动部门绩效的提高。

从第三方评估的发展历程可知，“第三方评估”的概念是与政府绩效管理、政府绩效评估的概念联系在一起的，它是政府绩效管理的重要形式，也是多元化主体参与社会公共事务治理的重要体现，是公众监督政府的有效载体，它能促使政府职能转变，不断满足公众的利益需求，提高政府的行政效率。作为一种有效的外部制衡机制，我国政府在全面深化改革中，借鉴新公共管理和治理思想，在政府绩效评估中借鉴第三方评估机制开展评估工作，从而有效弥补了传统政府自我评估的缺陷与不足，这为创新营商环境，促进服务型、效能型、廉洁型政府建设方面发挥了不可替代的作用。在第三方评估中，“第三方”的“独立性”能保证评估结果的客观公正，能体现公民本位的价值导向。而“第三方”的专业性和权威性则是保证评估结果公正的基础，客观公正的评价能提高评估结果的公信力，因而第三方评估在实践中得到了广泛的借鉴与运用，在学界得到了广泛的认可和研究。

第三节　第三方评估的国内外文献研究综述

学术界研究第三方评估最初始于第二次世界大战期间，其标志是美国学者克莱伦斯·雷德和赫伯特·西蒙的《市政工作衡量行政管理评估标准的调查》一书。该书出版体现了学者们开始对公共事业管理绩效的测量进行研究。早在 1943 年，美国学者里德雷和西蒙就已经开始对公共事业管理绩效的测量进行研究。[①] 哈佛大学肯尼迪政府学院实施“美国政府创新项目”，以推动识别和培育创新性的绩效政府工作。[②] 阿兰以实证研究的方法

① 汤鑫．完善我国地方政府绩效评估的对策研究［D］．湖南大学，2008.

② 古付先．国内外地方政府绩效评估的比较研究［D］．河南科技大学，2007.

研究了维多利亚州地方政府采取强制性竞争投标制度对地方政府结构和绩效的影响。总之，国外学者对公共部门绩效管理政策制定者和公民的共同参与在公共部门绩效改善中的地位以及对公共部门第三方评估等作了比较详细的阐述。①

在中国，从20世纪90年代中期以来，我国学者对政府第三方评估进行了大量调查研究，除了一般理论、方法、原则以及对国外的第三方评估成功经验介绍和探索外②，还结合中国国情进行了专门性研究，主要集中在政府绩效评估的价值取向、绩效评估指标体系设计以及绩效实践中存在的问题及改进途径；其研究内容逐渐细化、深入和拓展，并逐步走向系统性。主要体现在一系列著作的出版上，如卓越的《公共部门绩效评估》③、胡税根的《公共部门绩效评估——迎接效能革命的挑战》④、彭国甫等的《地方政府绩效评估研究》⑤、范柏乃的《地方政府绩效评估理论与实践》⑥、孟华的《政府绩效评估：美国的经验与中国的实践》⑦、周凯的《政府绩效评估导论》⑧、姜兵的《政府绩效评估》⑨、马旭经的《第三方评估的实证理论与实证探索》⑩。李志军于2013年、2015年、2016年先后出版了《重大公共政策评估理论、方法与实践》《国外公共政策评估工作手册与范本选编》《第三方评估的理论与实践》三本书，其中，《第三方评估理论与方法》⑪ 一书比较系统全面地分析论述了第三方评估的理论与方法，介绍了国内外的经验和做法，分析了典型案例，注重理论与实践结合、国外经验与我国实际结合，分析研究第三方评估在我国的具体应用，并就推动第三方评估制度化、规范化、程序化提出了若干建议。这些建议包括：

---

① 汤鑫．完善我国地方政府绩效评估的对策研究［D］．湖南大学，2008.

② 卢洁．我国地方政府绩效评估初探［D］．华中科技大学，2008.

③ 卓越．公共部门绩效评估［M］．北京：中国人民大学出版社，2004.

④ 胡税根．公共部门绩效评估——迎接效能革命的挑战［M］．杭州：浙江大学出版社，2005.

⑤ 彭国甫，等．地方政府绩效评估研究［M］．长沙：湖南人民出版社，2005.

⑥ 范柏乃．地方政府绩效评估理论与实践［M］．北京：人民出版社，2005年．

⑦ 孟华．政府绩效评估：美国的经验与中国的实践［M］．上海：上海人民出版社，2006.

⑧ 周凯．政府绩效评估导论［M］．北京：中国人民大学出版社，2006.

⑨ 姜兵．政府绩效评估［M］．广州：暨南大学出版社，2016.

⑩ 马旭经．第三方评估的实证理论与实证探索［M］．成都：西南交通大学出版社，2017.

⑪ 李志军．第三方评估理论与方法［M］．北京：中国发展出版社，2016.

第一，确立第三方评估的法律地位。要尽快制定和出台相关的法律、规章或指导性文件，确立第三方评估的地位，明确各级政府制定的重大改革方案和重大政策措施在出台前要委托第三方进行评估，实施一段时间以后也要委托第三方进行评估。第二，加强评估机构和人才队伍建设。对各级政府所属政策研究咨询机构进行规范、整合，提高评估能力和专业水准，保证评估工作的公正、客观和独立性。鼓励和引导民间评估机构的发展，充分发挥民间评估机构体制灵活、专业化强、客观公正、社会关系广泛的优势，特别要注意赋予民间评估机构超然、独立的地位。第三，探索适合国情的评估理论、评估方法和评估技术。第四，强化财政、审计部门的监督。第五，提供必要的经费保障。第六，提高第三方评估的透明度。在评估过程中，要扩大公众参与面。第七，重视评估结果的应用。通过第三方评估，不断地改进、修订和补充改革方案和政策内容，使整个改革方案和政策形成“制定—评估—执行—评估—完善”的良性循环。

目前，对第三方评估的研究主要着眼于第三方评估的主体、价值取向、评价指标的构建、评估的方法以及第三方评估中公众参与机制研究五个方面。

一、关于第三方评估主体的研究

第三方评估主体是评估体系中最重要的组成部分，对评估的科学性、客观性、公正性具有很大的影响。对第三方评估的主体，大多数学者都认为应该多元化。比如，焦璞润、王胜会（2009）认为，我国行政体制有着自身的特点，各类评估主体各有优势和局限，完善我国政府绩效评估必须促进评估主体的多元化，鼓励公众参与，扶持第三方评估机构的发展，还要推动和促进政府信息公开。[①] 卓越认为，评估主体多元结构是保证公共部门绩效评估有效性的一个基本原则，其中评估主体科学配比是综合评估有效性的一个关键点。他详细分析了评估主体结构中所应包含的具体主体和结构，认为公共部门的评估主体至少应包括综合评估组织、直管领导、公民或者行政相对人、评估对象自身以及其他评估主体。邱法宗、张霁星（2007）对

① 焦璞润，王胜会．促进我国政府绩效评估主体的多元化［J］．重庆科技学院学报（社会科学版），2009（1）．

构建多元政府绩效评估主体系统的必要性进行了论证，阐释了政府绩效评估主体的构成和类型，并分析了评估主体系统因素、因子的权重。[①] 高富锋（2005）研究认为，应实行目前以政府为主要评估主体的基础上，由政府、党的组织、权力机关（人大）、专业评估组织（包括大专院校和研究机构）、社会组织和社会公众（特别是受到影响的相关利益群体组织）等多方进行第三方评估。[②] 付红梅（2006）对政府绩效评估主体多元化的意义、依据以及各主体之间的关系等进行了研究。[③]

尽管大多数学者都认为第三方评估主体应该多元化，但学者们对各个主体在第三方评估体系中所占的权重的看法不尽相同。有的学者认为，公众是最基本的评估主体。如彭国甫赞同建立以社会公众为本位的评估体系，认为政府的服务态度、服务质量、服务水平如何，社会公众有着最直接、最真实的感受，并最有发言权。[④] 桑玉成（2005）研究认为，一个地方的政府或一届政府是否有绩效、到底有多大的绩效，其最有发言权或评价权的只能是人民。通过人民群众对政府绩效的认可和赞同的评价机制，可以非常客观地对政府绩效做出公正合理的评价。[⑤] 但有的学者并不认同。吴建南、郑秋爽（2004）认为，如果由公众对政府所有职能部门的各方面内容进行全面的评估将难以保证评估结果的准确性和客观性。[⑥] 王锡锌（2007）认为，如果政府活动效果过分依赖公众的主观评价，行政活动本身的目标就不可避免地会丧失确定性和一致性。如果将公众主观评价作为政府绩效的主要评估方式，公共行政的专业性和目标管理就不可能达成。[⑦] 还有很多学者认为非政府组织的第三方评估有很重要的作用。杨小森（2006）认为，非政府组织作为地方政府评估的重要外部评价主体，具有政府内部评估主体无可比拟的功能优势：能确保评估结果公平公正；优化政府职能体

---

① 邱法宗，张霁星．关于地方政府绩效评估主体系统构建的几个问题［J］．中国行政管理，2007（3）．

② 高富锋．当前政府绩效评估主体的不足及其完善［J］．美中公共管理，2005（4）．

③ 付红梅．论政府绩效评估主体多元化［J］．科教文汇（上半月刊），2006（7）．

④ 彭国甫．对政府绩效评估几个基本问题的反思［J］．湘潭大学学报，2004（5）．

⑤ 桑玉成．论政府绩效评估的基本原则［J］．城市管理，2005（3）．

⑥ 吴建南，郑秋爽．“自下而上”评价政府绩效探索：“公民评议政府”的得失分析［J］．理论与改革，2004（5）．

⑦ 王锡锌．对“参与式”政府绩效评估制度的评估［J］．行政法学研究，2007（1）．

系配置。[①] 谢吉晨、赵军锋（2008）认为，政府绩效评估主体必须具备独立性、权威性、专业性、成熟的政治理性以及评估成本低廉性等方面的特性要求。第三部门应是“最佳的”评估主体。[②] 吴绍琪、冉景亮（2006）研究认为：第一，政府对自身的绩效评估本身就非常困难；第二，绩效考核指标单一，片面追求 GDP 的增长；第三，评估主体单一，评估结果信度不高；第四，我国政府管理的现状不利于开展有效的绩效评估。[③]

本书赞同评估主体的多元化。事实证明，各类评估主体都既有自身的优势又有其局限性。根据国外经验，应该逐步建立起多元化的评估主体体系，不仅包括政府机关或部门自我评估、上级评估、党的组织部门和人大主持的评估，也包括行政管理和服务对象的评估、社会舆论评估和专家评估，最终建立起一个“360 度”完整的第三方评估主体体系。

二、关于第三方评估的价值取向研究

价值取向是第三方评估的基础，是政府作为一个社会行为组织对其行为终极目的的基本价值判断、价值确认和利益选择正确的评估价值取向，因此，需确立科学的第三方评估指标、方法、体系等。中外学者对第三方评估的价值取向进行了大量的研究，并从“目标取向”“顾客取向”“影响取向”“结果取向”“公正取向”五个角度进行了界定。

从国外研究看，美国密尔沃基市市长诺德奎斯特（Nordquist）说过：“公民关注的是结果或效果，他们不太关心投入，不太关心政府付出多大努力，更不关心政府组织结构和部门的职责分工。”卡尼和伯曼等（Kearney & Berman et al.）将政府绩效管理定义为“面向结果的公共项目管理”，认为绩效涵盖生产力所包括的效率、效益以外的公正，公共绩效是“多元的”，在效率、效益、公共等方面同等重要。[④]

关于公共部门的第三方评估的价值取向，以政府绩效评估举例来看，

---

① 杨小森．充分发挥非政府组织在地方政府绩效评估中的作用［J］．理论导刊，2006（10）．

② 谢吉晨，赵军锋．论“最佳的”政府绩效评估主体［J］．云南行政学院学报，2008（1）．

③ 吴绍琪，冉景亮．政府绩效评估主体研究［J］．软科学，2006，20（6）．

④ Kearney，Richard C. and Evan M. Berman. Public Sector Performance：Management，Motivation and Measurement［M］．Oxford：Westvien Press，1999：1－2.

周志忍（2017）认为，满足公民期望的结果是政府管理的出发点和落脚点，结果导向应该是政府管理的指导理念，应该成为绩效评估的基本原则，所以，结果导向是对公众期望的回应。[①] 周占杰（2010）认为，符合科学发展观的政府绩效评估体系的价值取向应包括以下几方面：（1）以促进具体个人的全面发展为出发点；（2）超越经济视角的发展指标设计；（3）注重社会公正与环境友好的发展方式选择；（4）以“问题—应对—成效”为基础的绩效体系设计方式。[②] 周建国（2008）认为，当前我国价值取向存在着“泛经济化”“民众本位”的偏离等现象，要重塑符合中国国情的价值取向，以经济增长为基本价值取向，以民众本位为终极价值取向，其中，终极价值取向主要体现在责任、廉洁、公平几个方面。[③] 马宝成（2001）把政府绩效评估的价值取向概括为增长、公平、民主、秩序四个方面，在上述四个价值标准中，增长与公平是两个经济变量，主要用来评价政府经济成就的价值标准；民主和秩序是两个政治变量，主要用来评价政府政治成就的价值标准。在增长与公平的关系上，应当在坚持增长这个价值标准的前提下，以公平作为内在的必要约束；在民主与秩序的关系问题上，应当在坚持民主这个价值标准的前提下，以秩序作为民主的内在的必要的约束。[④] 臧乃康（2007）认为，政府绩效评估的价值是对其本身行为最终目标的一种价值判断和选择。新公共管理运动以来，政府绩效评估的价值主要在于推进公共责任、顾客至上及投入产出理念的实现。[⑤] 有的学者认为，政府绩效的基本价值取向主要是增长、公平、民主、稳定、自由、进步。其中，增长和公平的是经济绩效，增长是指经济增长，以人均国内生产总值（GDP）的提高来界定经济增长。民主和稳定是政治绩效，民主是指个人权利与自由得到体现和保护，是政治体系在政治上的首选价值标准。自由和进步是社会绩效，自由是公民在社会中所享有的各种

---

① 周志忍．为政府绩效评估中的“结果导向”原则正名［J］．学海，2017（2）．

② 周占杰．以科学发展为导向的政府绩效评估体系——思想基础与价值导向［J］．天中学刊，2010，25（1）．

③ 周建国．扭曲与重塑：论我国政府绩效评估的价值取向［J］．南方论刊，2008（11）．

④ 马宝成．试论政府绩效评估的价值取向［J］．中国行政管理，2001（5）．

⑤ 臧乃康．科学发展观视阈下政府绩效评估价值选择［J］．长白学刊，2007（3）．

自由权利，进步是指一个国家的全面发展和社会的进步。①

综上所述可以看出，第三方评估的价值取向还存在着很大的偏差。目前，我国第三方评估体系的价值取向中存在着以民为本的价值缺失、公共利益导向的偏差、经济价值的泛化、对效率原则的扭曲等现象，其原因主要是：公共责任机制不健全、政府职能界定不清、多元化目标导致价值冲突等。因此，需要进一步确立正确的价值取向，第三方评估指标体系构建应体现从政府本位转向以人为本，全能政府转向效能政府，片面发展转向全面、协调、可持续发展的价值取向。②

三、关于第三方评估方法的研究

国外研究显示，国外学者使用不同的方法对地方政府公共事业管理业绩与质量测评进行了研究。一方面从实证角度总结了政府公共事业管理业绩测评经验；另一方面从业绩测评与责任的联系角度研究政府业绩与质量测评的一般性问题。③ 早在 1943 年，学者里德雷和西蒙已开始政府绩效测量研究。在 20 世纪 50 ~ 70 年代，公共部门绩效测量与绩效预算制度进行结合。在州政府层级，不少州政府则进行全州性的策略规划、绩效预算编制及绩效测量。美国国家公共生产力研究中心主任、美国行政学协会现任会长马克·霍哲认为，一个良好的绩效评估程序应包括七个步骤：鉴别要评估的项目、陈述目的并界定所期望的结果、选择衡量标准或指标、设置业绩和结果（完成目标）的标准、监督结果、业绩报告和使用结果和业绩信息。④ 塔尔博特（Talbot，2010）撰写的一份关于英国政府绩效中绩效评估、监控和管理的演进机制的报告中提到建立监控和评价机制可以加强政府治理，通过在政府中建立一种良好的绩效文化，将原先政府的“核心执行力”委托给相对独立的第三方的审计和监控机构，可以更好地支持政策制定、预算决定和管理等。⑤ 这个评价体系的构建需要由第三方审计和监

---

① 李文艳，陈通．政府绩效评估的价值取向及我国政府绩效评估的完善［J］．唯实，2004（6）．

② 廖晓明，孙莉．论我国地方政府绩效评估中的价值取向［J］．中国行政管理，2010（4）．

③ 林忠生．浅谈中外学者政府绩效管理研究比较［J］．辽宁行政学院学报，2009（10）．

④ 马克·霍哲．公共部门业绩评估与改善［J］．中国行政管理，2000（3）．

⑤ Talbot，C. Performance in Government：The Evolving System of Perfomance and Evaluation Measurement，Monitoring，and Management in the United Kingdom［R］．ECD Working Paper Series，2010（24）．

控主体（包括审计委员会和国家审计办公室）设置绩效测算标准和绩效监控要求，为政府的分支机构（包括当地政府和公共服务机构）的绩效管理程度进行测算和分析。

海涅迈尔等（Heinemeier et al.，2014）撰写的《第三方评估者工作指南》（Guideline for Working with Third-Party Evaluators）[①] 详细地介绍了“第三方评估”中监控和管理的特定规则。其中，“第三方评估”包括三个目标：（1）过程监控（progress monitoring）：检查项目的进展程度，使用的方法通常是依靠描述性的行政记录和相关性数据技术；（2）格式化评估（formative evaluation）：通过定性的访谈法和观察法，也包括定量方法以及描述性和相关性统计数据分析，解决项目的组成部分和策略如何实施的问题；（3）总结性评估（summative evaluation）：主要目的在于项目要实现目标和预计期望之间的有效性问题，总结性方法主要侧重于定量方法，也可以包括观察法、访谈和开放式调查的定性分析。

哈佛大学肯尼迪政府学院实施“美国政府创新项目”（1985）以推动识别和培育创新性和绩效政府的工作。锡拉丘兹大学麦斯威尔学院、乔治梅森大学 Mercatus 中心等对特定政府作了系统研究，同时以第三方进行了评价，公布了结果，引起了相当影响，并提出了绩效管理的 GPP 模型。布拉姆·索比尔从中央政府的角度引入绩效测评系统，在为政府预算的效率和效益指标框架设计方面作了某些创新。尼科·莫尔探索了国防系统中通过绩效预算系统而卷入的绩效测评的执行问题，从绩效测评与责任的联系开始研究政府绩效与质量测评的一般性问题。阿里·哈拉契米和格里试图探索测量公共服务质量的一些重要问题。阿斯顿工商学院公共服务研究中心关注在测评时，使用“最优价值”作为一种评估框架，使用“平衡计分卡”在不同利益分享者之间进行对话和合作而得出结论。有的西方学者把商业部门的标杆管理引入公共部门绩效评估，运用标杆管理原理对地方政府绩效进行测量。

国内研究显示，盛明科（2009）列举了我国学术界目前对于政府绩效评估方法的研究主要有：模糊综合评价法（刘萍、刘武等，2005；张红

---

① Heinemeier，S.，D'Agostino，A.，Lammert，J.，and Fiore，T. A. Guidelines for Working with Third-Party Evaluators［R］，Washington，DC：Center to Improve Project Performance，2014，6（24）.

霞、袁有杰等，2006）、多指标层次分析法（彭国甫、李树丞，2004）、DEA 模型部门或地区间比较法（彭国甫、盛明科，2004；马雁军、赵国杰，2005；朱敏，2006；张宝友，2007）、BP 人工神经网络模型法（颜佳华等，2005）、指标因子分析法（张国玉等，2006）等，还有学者运用顾客满意度方法（徐友浩、吴延兵，2004）、标杆管理方法（胡税根，2005）、样本基准分析方法（马国贤，2005）来评估政府绩效，并且认为政府绩效评估方法可以分为主观评议和多指标综合评价两大类。[①] 张军、杨景梅（2008）人对政府绩效评估方法进行了综述，认为近几年来，政府绩效评估过程中大量借鉴企业部门的评估方法，定量因素也越来越受到重视。并且对近几年政府绩效评估中的七种评估方法，即 3E 评价法、360 度评价法、数据包络分析法、模糊综合评价法、标杆管理法、平衡计分卡法、层次分析法进行论述。[②] 马晓君（2006）认为，政府绩效评估是对错综复杂的政府部门行为的定量与定性的研究，必须使用一定的专门技术与方法进行处理，才能达到目的，为此，她阐述了政府绩效评估方法中的指标体系优选法、层次分析法、分绩效贡献率法等；分析了政府绩效评估的目标界定、指标体系构建、数据收集及分析、质量反馈和控制等一系列重要的绩效评估方法，初步构成了政府绩效评估的操作方法体系。[③] 綦小广（2007）研究显示，政府部门需要引进战略管理，树立应用评估方法战略理念，运用平衡计分卡建立科学的评估指标体系，借助 SWOT 分析合理选用绩效评估工具。[④]

由此可以看出，第三方评估方法借鉴经济学、管理学、社会学等多学科领域下的定性和定量的研究方法。现在政府公共部门所面临的内外环境日益复杂，使得对第三方评估方法的要求越来越严格，因而，应建立科学的评估价值体系和健全的评估信息系统，对第三方评估方法进行改进，推动第三方评估方法的创新和发展。

四、关于第三方评估中的公众参与机制研究

公众参与，就是公众通过一定的渠道，参与或影响政府公共政策或公

---

① 盛明科．政府绩效评估的主观评议与多指标综合评价的比较——兼论服务型政府绩效评估方法的科学选择［J］．湘潭大学学报（哲学社会科学版），2009（1）．

② 张军，杨景梅．我国政府绩效评估方法研究综述［J］．传承，2008（10）．

③ 马晓君．政府绩效评估的方法体系评述［J］．统计教育，2006（3）．

④ 綦小广．战略管理：政府绩效评估方法改进的新途径［J］．理论界，2007（7）．

共事务的行动过程。它源于古希腊雅典的直接民主模式，到18~19世纪表现为洛克（John Locke）与弥尔（John S. Mill）提倡的民主理论、黑格尔（Hegel）的“公众社会观”、德国社会学家哈贝马斯（Habermas）的“公共领域”论点，体现在公共行政领域中则为近代新公共行政学派所主张的“公众参与”。新公共行政学派认为，公众参与可使政府公共部门更能反映民众关心的问题，解决民众与政府的冲突，促使公共决策的合法化，并提高政府的行政能力。公众参与理论的先驱安斯坦（Amstein）认为，“公众参与是一种公众权力的运用，是一种权力的再分配，使目前在政治、经济等活动中，无法掌握权力的民众，其意见在未来能有计划地被列入考虑”。加森（Garson）与威廉斯（Williams）提出，“公众参与是在方案的执行和管理方面，政府提供更多施政回馈的渠道以回应民意，并使民众能以更直接的方式参与公共事务管理”。

国内学者对公众参与政府公共部门的第三方评估的研究主要有：对公众参与地方政府绩效评估的意义研究，如党秀云（2003）从个人、社会、政治和公共管理等层面分析了公民参与的价值和影响，进而阐述了公民参与的机制和途径。[①] 范柏乃（2005）指出，基于满意原则为导向的人民群众评判政府绩效是政府绩效评估的一种新形式和新机制，反映了世界各国政府市场化改革的发展趋势，体现了人民当家做主的社会主义民主政治本质。[②] 对公众参与地方政府绩效评估的障碍和问题研究，如吴建南、庄秋爽（2004）从评估主体、评估空间与时间、评估对象与指标、评估方式与结果几个方面对“公民评议政府”的现状进行了归纳和分析，进而指出“公民评议政府”对于改善我国地方政府的公共形象、提高公共服务的质量以及扩展民主监督渠道等方面的现实意义等。[③] 此外，还有对公众参与地方政府绩效评估的路径研究，如孙柏瑛（2005）认为，尽管公民参与形式选择的有效性受到诸多因素的影响，但人们仍可以采用一些规范性标准来评估公民参与形式的有效性，从而有助于公共管理者在不同的政策背景

---

① 党秀云．论公共管理中的公民参与［J］．中国行政管理，2003（10）．

② 范柏乃．政府绩效评估理论与实务［M］．北京：人民出版社，2005.

③ 吴建南，庄秋爽．“自下而上”评价政府绩效探索：“公民评议政府”的得失评价［J］．改革与发展，2004（5）．

和目标下，理性地对公民参与形式做出选择。[①] 顾丽梅（2006）借鉴了西方公民参与的理论，分析了公民参与的成本代价与正负功能，指出政策制定者与政府人员必须认识到公民参与的成本代价是存在的，但我们不能因为关注公民参与的成本代价而忽略了公民参与的社会价值与社会效益。公民参与仍然是城市政府治理实现民主化与科学化的主要渠道。[②]

第四节　第三方评估的理论基础

一般来说，理论源于实践，又指导实践。第三方评估理论有着极其深厚的实践基础，如新公共管理运动为第三方评估创造条件，因此，新公共管理理论、公共选择理论、治理理论、委托代理理论、绩效管理理论等都可以作为公共部门的第三方评估的理论基础。

一、新公共管理理论

20 世纪 70 年代开始，西方国家纷纷陷入了各种困境，如经济衰退、财政危机、信任危机、政府膨胀、效率低下，僵化、刻板的科层体制越来越不适应迅速变化的社会和经济生活，民众普遍不满。在这种背景下，20 世纪 70 代末 80 年代初，全球范围掀起一种新管理方法引起了公共部门巨大变革，人们把这种变革称为“新公共管理运动”。新公共管理理论（new public management）也因此而产生。新公共管理作为一种实践，起源于英国、美国、澳大利亚和新西兰，然后逐步扩展到其他西方国家乃至全世界。在理论研究上，国内外学者对新公共管理思想作了不同的概括和描述。

从国外学者的研究看，波立特（Pollitt，1990）[③] 在《管理主义和公共服务：盎格鲁和美国的经济》一书中主张，新公共管理强调商业管理理论

① 孙柏瑛．公民参与形式的类型及其适用性分析［J］．中国人民大学学报，2005（5）．

② 顾丽梅．解读西方的公民参与理论——兼论我国城市政府治理中公民参与新范式的建构［J］．南京是社会科学，2006（3）．

③ Pollittd，C. Managerialism and Public Service［M］. Blackwell，1990.

方法、技术及模式在公共管理中，应借用商业管理理论、方法、原则、技术来“重塑政府”，以提高政府部门工作效率。胡德（Hood，1990）将“新公共管理”看作是一种以强调明确的责任制、产出导向和绩效评估，以准独立的行政单位为主的分权结构，引入市场机制以改善竞争为特征的公共部门管理新途径。[①] 这一解释说明了绩效评估是新公共管理的应有之义。休斯（Hughes）在《公共行政与管理》一书中所说：“新公共管理”是一个相对多维名词，它是与新自由主义、公共选择理论、企业行为和管理等理论元素紧密联系在一起的概念。[②]

戴维·奥斯本和特德盖·席勒（1996）在《改革政府：企业家精神如何改革着公共部门》[③] 一书中概括了新公共管理主要特征。一是强调政府服务理念：以顾客或市场为导向；二是强调政府职能市场化：“掌舵”而不是“划桨”，认为有效的政府是一个能够“治理”，并且善于实行“治理”的政府；三是强调行政权力分散化（decentralization）；四是在管理手段上，广泛采用企业成功的管理经验；五是重视提供公共服务的效率、效果和质量；六是放松严格的行政规则，实施明确的目标管理，根据绩效指示标（performance indicator）对目标落实情况进行测量和评估。在克林顿执政时期，该书成为美国“重塑政府”改革的理论基础。总统克林顿评价道：“美国每一位当选官员应该阅读本书，我们要使政府在90年代充满新的活力，就必须对政府进行改革，该书给我们提供了改革的蓝图。”

英国学者温森特怀特强调，新公共管理强调职业化管理，有明确的绩效标准和绩效评估，以结果不是以程序的正确性来评估管理水平。赫克谢尔（Heckscher）指出，政府改革打破了单向的等级指挥关系，建立了互动交流和导向管理，并开始向“后官僚组织”变迁。[④]

国内学者解释新公共管理的内涵具有代表性首推陈振明（2000）[⑤]，他将“新公共管理”的研究范式特征归纳了以下八个方面：强调职业化管

---

① Chritopher, H. A Public Management for All Seasons [J], Public Administration, 1990.

② Hughes, O. Public Management and Administration: An Introduction (2ed) [M]. Macmillan Press, 1998.

③④ [美] 戴维·奥斯本，特德·盖布勒．改革政府：企业家精神如何改革着公共部门[M]．周敦仁，等译．上海：上海译文出版社，1996.

⑤ 陈振明．评西方的“新公共管理”范示 [J]．中国社会科学，2000 (6)．

理，明确的绩效标准和绩效评估，引入竞争机构，采用私人部门的管理方式，公共服务机构分散化、小型化，提供回应性的服务、项目预算与战略管理等。“重塑政府运动”“企业型政府”“市场化政府”“代理政府”“国家市场化”等都是新公共管理运动的语境之一。通过公共管理改革，使传统公共管理的官僚制本位走向以市场为基础的新公共管理主义，政府在公共服务中的角色、职能也随之改变。他的解释同样说明了绩效评估是新公共管理的重要内容之一。通过“以评促建”，既可以提高公共服务的质量和绩效，又减轻了政府的财政压力。

该理论的核心思想是：打破公共产品、公共服务供给和绩效评价的政府垄断，引入市场化竞争机制，政府向市场主体分权，由政府承担的职能以及部门评估机制推向市场和第三方组织，使公共服务市场化、绩效评估开放化，在此基础上，合理分权、合理利用社会组织人力资源，配置共享资源，从而提高公共产品的有效供给和公共服务效率、效果和质量。

从国内外学者的表述来看，新公共管理理论集中体现了管理对象“外化”、管理主体“多元化”和管理手段“多样性”三个特征。该理论为公共部门第三方评估提供了理论基础。可以说，新公共管理的主要思想不仅为政府绩效管理第三方评估创造了基本条件，它的引入也为其奠定了制度基础。第三方评估作为新公共管理运动的一种有效管理工具，在公共行政中受到广泛关注。因此，新公共管理理论是当代各个国家政府改革和第三方评估的主流指导理论。

二、公共选择理论

起源于研究公共财政问题、偏重于政治决策过程分析的公共选择理论是大多数学者用分析和解释政治领域政府及其官员行为的主导理论。它由美国著名经济学家、诺贝尔经济学奖得主詹姆斯·麦吉尔·布坎南（James McGill Buchanan）等人创立。公共选择理论（public choice theory）是一门介于经济学和政治学之间的新的交叉学科，它运用经济学的分析方法来研究政府决策机制如何运作，是研究非市场性决定的政治过程乃至权力配置规则等诸多问题研究的总称。布坎南对这一理论内涵的表述是：“公共选择是政治上的观点，它以经济学家的工具和方法大量应用于集体或非市场决策而产生。”① 公共选择理论的研究对象是公共选择问题，公共选择就是指人们通过民主决策的政治过程来决定公共物品的需求与供给和公共管理的分权与治理，是把私人的个人选择转化为集体选择的一种过程（或是一种机制），并通过分析政府行为效率，来改革政府运行机制规则，约束政府官员行为，从而实现其社会效用和公众利益的最大化。②

公共选择的本质实际上是一种政治过程，其核心是研究政府与社会的关系问题。该理论认为，没有任何逻辑理由证明公共服务必须由政府官僚机构来提供，因而，主张非营利机构等公共部门以取代处于垄断地位的政府官僚体制，实现社会组织之间的充分竞争，通过分权实现权威分割，允许不同组织之间在职能和管辖区域上的重叠交叉等。③

公共选择理论还认为，政治是一个经济学意义上的市场，供方是政府，提供公共产品和服务。因此，该理论把政治过程视为是一种类似于市场机制的相互交易过程，为此，将分析市场制度中“经济人”假设引入政治领域，分析政治市场中的主体行为和政治市场的运行规律，认为政府及其官员也具有经济人行为方式，并追求自身和部门利益最大化，并不是真正的公共利益的代表者。正因为政治市场中存在“经济人”特征及政治市场运作的特殊性，决定了政府官员会出现滥用职权、职务寻租以及贪污腐败等行为，从而造成政府机构工作的低效性，高成本以及责任缺失，政府失灵等问题。

“经济人”分析范式不仅为制度分析提供了统一的基础，也为制度选择提供了统一的标准。正是由于把人设想成追求自身利益最大化的人，并防止个人利用权力或不正当的手段损害他人和公共利益，才需要设计出一种包括第三方评估的相互制衡机制，以约束政府及其工作人员的行为。公共选择理论揭示了政府管理行为以及政府与社会公众二者之间的关系，认为由于其逻辑起点是“经济人”，政府机构不再是具有强烈独立倾向的集体，而是由一个个“经济人”组成的。因此无论是作为个体的人还是组

---

① ［美］詹姆斯·布坎南. 自由、市场和国家——20 世纪 80 年代的政治经济学［M］. 吴量健，等译，北京：北京经济学院出版社，1988.

② 孔志国. 公共选择理论：理解、修正与反思［J］. 制度经济学研究，2008（1）：212－226.

③ 宋延清，王选华. 公共选择理论文献综述［J］. 商业时代，2009（35）.

织，都有自己的利益，都需要与他人、与其他组织发生联系与利益关系，为此也要通过选择以求得最大利益的实现，即通过公共选择来整合多种利益主体的利益以求得公共利益平衡。

公共选择理论为建立第三方评估提供了一定的理论借鉴，对我国政府机构改革，如何更好地进行管理，以及如何处理好政府和市场、政府与社会的关系具有重要的意义。在我国政府运行机构改革中，原来绩效评估只是单一的体制内的政府绩效自我评估或自上而下部门评估，这难免会出现由于自利性倾向，在评估中会因趋利避害，致使评估结果失真。第三方组织作为体制外评估，由于其与政府之间无直接隶属和利益关系，故在评估过程中会更加注重社会公共利益、民众呼声和公众需求，因而评估结论更能凸显客观公正、专业科学，同时也更能起到一种考核和监督的作用。政府机构改革的实践表明，第三方组织介入政府绩效评估实质上是公共选择的结果和需要，也是一种政府管理革命和社会资源配置过程中管理上的制度创新。①

三、治理理论

治理理论是 20 世纪 80 年代在西方国家兴起的一种全新的理论，其兴起的根源主要在于解决政府失灵和市场失灵所带来的社会问题。由于政府和市场都不能满足管理公共事务的需要，迫切需要在这两者之间寻找到第三条道路来弥补政府和市场的不足。治理理论的提出正是在这两者之中架起了一座桥梁，使政府与市场的关系得以重塑，寻找到了两者之间的平衡。因此，面对市场和政府的缺陷，政府部门努力寻求一种有效的机制来解决这个问题，而治理理论的出现为问题的解决提供了可能。

治理概念在 20 世纪 90 年代以来成为社会科学研究的重要议题。如美国学者莱斯特·萨拉蒙的《公共服务中伙伴：现代福利国家中政府与非营利组织的关系》一书，首先提出了“第三方治理”的概念，诠释了治理的内涵，认为治理的核心要义就是治理主体应多元化和民主化。传统的行政管理理论认为政府是权力垄断者，管理着所有的公共事务和社会事务。而治理理论认为，政府是公共事务管理的主体和中坚力量，但不是唯一力

① 黎海波．公共选择理论与政府改革的“选择”［J］．陕西行政学院学报，2010（2）：19.

量，不再是权力垄断者，不是全能的政府，而是运用治理理论，政府与第三部门等社会组织实行广泛合作，通过相互制约，相互监督，相互影响，实现对社会公共事务的共同治理，从而使政府成为有限度的政府和有效率的政府。凯尔特（Kettl）认为，“治理是政府与社会力量通过面对面合作方式组成的网状管理系统”。[①] 我国学者俞可平（2000）认为，治理就是各种公共的和私人的个人和机构管理其共同事务的诸多方式的总和，是政府及各类组织以及个人为了实现社会基本秩序，或解决公共问题，提高公共服务质量，通过正式或非正式的制度安排，相互之间进行协调与合作而形成的持续的互动管理过程。[②]

另外，网络化治理理论同样为第三方参与政府绩效评估提供了理论支持。网络化治理理论始于20世纪90年代初，以斯蒂芬·戈德史密斯为主要代表的学者们在《网络化治理：公共部门的新形态》一书中提出，网络化治理指的是“为了实现与增进公共利益，政府部门和非政府部门（第三部门或公民个人）等众多公共行动主体彼此合作，在相互依存的环境中分享公共权力，共同管理公共事务的过程”。这表明，网络化治理的内涵即治理主体的多中心、治理机制的网络化以及治理责任的分散化。作为社会治理的一种新模式，网络化治理包括了协同治理、多中心治理和合作治理理念的特征。

上述理论同样为第三方评估提供了理论基础。在第三方评估政府绩效中，第三方评估组织、不同的评估主体以及政府公共部门三者间就形成了一个多中心的网络治理结构，由政府做出需要评估的决定，第三方组织决定评估政府的方式以及设计相应的评估体系，再由评估主体对政府绩效做出评估，三者在这个治理网络中相互配合，共同参与了政府绩效评估。[③]

在我国，党的十八大以来，国家提出了治理体系和治理能力现代化的目标，社会治理成为中国社会管理改革新格局，并将治理的含义由宏观目标与理念层面发展到微观层面，提出了由自上而下的统治转化为自下而上

---

① Kettl, D. F. Sharing, Power Private Market [M]. Washington, DC: Brookings Institution, 1991: 21 - 22.

② 俞可平. 治理与善治 [M]. 北京：社会科学文献出版社，2000：56 - 60.

③ 张小亮. 第三方政府绩效评估组织模式研究——基于公民参与地方治理的视角 [D]. 兰州大学，2010：23.

治理的实践机制[1]，公共治理体系的行动者就是一个由政府、非政府组织和其他社会自治力量构成的行动者系统。因此在社会组织管理改革中，政府职能部门引入第三方评估机构，一方面契合了治理理论中的权力转移与下放，也体现了政府管理职能的转变；另一方面发挥第三方的专业技术，并将其作为评估责任主体，能够实现社会组织管理效率与公正的最大化。

四、委托代理理论

委托代理理论作为一种成熟的分析范式，近年来在政治学、社会学、公共管理学领域得到广泛应用。现代意义上的委托代理关系是由科斯等提出的，他们认为："如果当事人双方，其中代理人一方代表委托人一方的利益行使某些决策权，则代理关系就随之产生了"。[2] 按照麦克林的定义，委托代理关系是指一种契约，根据这个契约，一个或多个行为主体指定雇用另一些行为主体为其提供服务，并根据其提供的数量和质量支付相应的报酬。[3] 在新制度经济学里"委托代理问题"泛指一切在委托人视察的情况下，代理人不受惩罚的机会主义行为。由于委托人和代理人之间的目标不一致性以及两者之间的信息不对称等原因，常常产生"委托代理问题"。

委托代理理论是现代企业管理理论的重要组成部分，它建立在所有权和经营权分离的基础上，强调委托人和代理人的利益冲突与信息不对称。20 世纪 30 年代，美国经济学家伯利和米恩斯因为解决企业所有者兼具经营者存在的巨大弊端，提倡所有权和经营权分开，提出了委托代理方法，它起源于专业化的存在。当存在专业化的时候，代理人由于其专业化的相对优势而代表委托人行动，从而构成一种"委托—代理"关系。20 世纪 60 年代末 70 年代初，一些经济学家通过深入研究企业内部信息不统一和矛盾思想，促进了委托代理理论的长期发展。委托代理理论的主要观点认为，委托代理关系是随着生产力大发展和规模化大生产的出现而产生的，生产力发展使得分工进一步细化，权利的所有者由于知识、能力和精力等

① 崔月琴，龚小碟．支持性评估与社会组织治理转型——基于第三方评估机构的实践分析［J］．国家行政学院学报，2017（8）．

② ［美］科斯，阿尔钦，诺斯．财产权利与制度变迁——产权学派与新制度学派译文集［M］．刘守英，等译，上海：格致出版社、上海三联书店、上海人民出版社，2014：102.

③ ［美］麦克林．企业理论：管理行为、代理成本与所有权结构［M］．上海：上海人民出版社，1998：48.

原因已经不可能亲自行使全部权利，而专业化分工中产生的一大批具有专业知识和技术能力的组织和个人，他们可以代表权利的所有者行使好权利，由此产生了委托代理关系。委托代理关系本质上是一种契约关系，通过一种委托代理的契约，委托人授权给代理人相当大的自主权，让其代表委托人的权利和利益从事某项活动，并相应地给予某种付费。

对于第三方评估而言，某种意义上，政府部门应该是作为评估的委托方将组织权和评估权委托第三方代理，由第三方对政府部门的行为以及绩效进行评估，二者间除了一种评估与被评估的关系外，还应存在一种委托与代理的关系，第三方为评估结果负责，而政府则应该对评估信息的真实性、及时性、全面性以及评估结果的应用负责。

五、绩效管理理论

政府绩效（government performance）概念出现于20世纪70年代的“新公共管理改革”。从国外的研究成果看，关于绩效管理的内涵，经济合作与发展组织（OECD）解释为：绩效管理是组织管理、绩效信息、评估、绩效监控、评价和绩效评估报告的整合。[①] 格里兹尔（Grizzle，1998）认为，政府绩效管理是一个多维概念，包括效率、成本—效益、服务提供的质量、政府财政的稳定性以及政策的一致性。[②] 沃利等（Wholey et al.，1989）认为，政府绩效管理是改进公共组织和公共项目的生产力、质量、时效性、回应性以及有效性的综合系统，是一种“融入多种判断价值的工具模式”。[③] 卡尼和伯曼等人将政府绩效管理定义为是“面向结果的公共项目管理”。他们认为绩效涵盖生产力所包括的效率、效益以外的公正，公共绩效是“多元的”，在效率、效益、公共等方面同等重要。[④] 戴维·奥斯

---

① OECD. Government in Transition：Public Management Reforms in OECD Countries ［R］. Washington，DC：OECD Publications and Information Center，1995：34.

② Gloria A. Grizzle. Measuring State and Local Government Performance：Issues to Resolve before Implementing a Performance Measurement System ［J］. State & Local Government Review，1998（14）.

③ Wholey，Joseph S. Kathryn E. Newcomer and Assouates Improving Government Performance：Evaluatim Strategies for Strengthening Public Agencies and Programs ［M］. San Francisco：Jossey-Bass Publishers，1989.

④ Kearney，Richard C. and Evan M. Berman. Public Sector Performance：Management，Motivation，and Measurement ［M］. Oxford：Westvien Press，1999：1－2.

本和彼得·普拉斯特里克则认为，绩效管理是“利用绩效管理、绩效标准、奖励和惩罚来激励公共组织”。[1] 美国“国家绩效评估小组”将绩效管理定义为“利用绩效信息协助设定统一的绩效目标，进行资源配置与优先顺序的安排，以告知管理者维持或改变既定目标计划，并且报告成功符合目标的管理过程”。[2] 前两种观点侧重从绩效管理的对象及其内在价值来揭示绩效管理的本质，后两种观点则偏向从绩效管理的运行机理和操作流程来描述绩效管理的内涵。

中国学者认为，绩效管理作为一种特定的管理工具，不仅在理论上成为现代公共管理学研究的前沿课题，而且在我国逐渐取代传统的泰勒式的科学管理，成为新的政府治理典范。[3] 中外学术界普遍倾向性认同或试图证明绩效管理理论也可以是绩效评估的指导理念。由此我们可以定义为，政府绩效管理是政府围绕提高管理绩效这一目标，通过采取明确组织使命和价值取向，制定绩效目标与计划，进行绩效监测与反馈，开展绩效评估与激励等措施为政府绩效进行监控、评估，以及由此而作出的制度安排和实施的一系列管理措施、机制和技术的统称。绩效管理为绩效评估创造了基础条件，绩效评估理论作为一种管理工具创新又指导了政府行政改革运动，推进了绩效管理，绩效管理本身就包含绩效评估，两者都是政府创新管理方式的新型治理工具。

因此，我们认为，绩效管理理论本身集合了多种管理思想，是管理的创新，包括管理工具和方法的创新，如绩效评估作为管理工具或管理方式的创新又进一步推动了绩效管理提升，因而，绩效管理理论理所当然地成为绩效评估的指导理论，也是第三方评估的理论基础之一。

---

① ［美］戴维·奥斯本，彼得·普拉斯特里克．摒弃官僚制：政府再造的五项战略［M］．北京：中国人民大学出版社，2002：133.

② 张成福，党秀云．公共管理学［M］．北京：中国人民大学出版社，2001：271.

③ 彭国甫．县级政府管理模式创新研究［M］．长沙：湖南人民出版社，2005：302－303.

第二章　全面深化改革第三方评估的背景、特点与意义

2014年，国务院总理李克强至少在7次国务院常务会议中提到第三方评估，2014年8月27日，李克强总理在听取政策落实第三方评估汇报后特别强调："政府工作不能自拉自唱，需要引入第三方评估。"2014年12月2日，国家发展改革委副主任连维良在第12届改革论坛中提出："要充分发挥第三方评估的作用，使改革方案、改革措施、改革成效经得起历史和实践的检验。"因此，对于构建第三方评估管理体系、通过"以评促试"有效推进改革试点的机制探索与经验推广，已成为各级政府和学界普遍关注的重点问题。[①] 随着改革工作的持续深化、政府职能的逐渐转变，第三方评估作为一种有效弥补传统政府评估、自我评估缺陷的外部制衡机制越来越得到政府重视。

第一节　全面深化改革第三方评估的背景

一、推动全面深化改革向纵深推进的迫切性

党的十八届三中全会作出了全面深化改革的重大决定，在经济、政治、文化、社会、生态和党的建设六大领域掀起了一场攸关新时期中国发展前途的伟大改革。作为当前中国"四个全面"（即全面建成小康社会、全面深化改革、全面推进依法治国、全面从严治党）战略布局的重要组成

① 张旭，李会军，郭菊娥．经济体制改革试点第三方评估理论基础与未来发展［J］．经济体制改革，2016（1）：5－13.

部分，全面深化改革无疑是党在新的历史条件下破解国家发展藩篱的最有力武器之一。全面深化改革的决定作出之后，中央以坚定的决心、坚毅的态度、得力的措施全力推进改革。第三方评估，能有效克服政府现有自我评估、内部评估固有的弊端，完善政府改革工作考评体系，显著提高政府改革工作考评结果的客观性和公正性，有利于全面掌握改革工作的进展情况，准确评估改革的成效。同时，第三方评估结果还可为相关地区和部门深化改革提供决策参考。通过第三方的参与，能让人民群众更好地了解改革，更广泛地参与改革，更直接地监督改革，不断推动改革深化，确保做到改革为了群众、改革依靠群众、改革让群众受益。第三方评估为政府和社会之间搭建畅通的桥梁，在改善政府形象、促进服务型政府建设等方面可发挥不可替代的促进作用，为进一步深入深化改革打下良好基础。

二、新时代社会治理创新的诉求

从党的十八大以来，社会治理成为中国社会管理改革新格局的重要理论支撑。从社会管理到社会治理的话语转向，社会主体也由“被管理者”转变为治理主体。社会治理将治理的含义由宏观目标与理念层面发展到微观层面，提出了由自上而下的统治转化为自下而上治理的实践机制，指的是政府和其他社会主体，为实现社会的良性运转而采取的一系列理念、方法和手段。具体而言，社会治理一方面注重公共事务运作中的行动者，另一方面关注公共事务如何运作的具体机制。社会治理的首要目标在于实现多主体间的互动合作和共同治理。

多元治理主体参与公共服务供给是当代许多国家实施社会治理的重要手段。从中国社会全面深化改革的角度看，推动社会组织参与公共服务供给，不仅能有效满足公众对公共服务多元化和精细化的要求，更有助于实现政府职能的转移。政府职能部门引入第三方评估，一方面契合了治理理论中的权力转移与下放，体现了政府管理职能的转变；另一方面发挥第三方的专业技术，并将其作为责任主体，能够实现社会组织管理效率与公正的最大化。

从政府管理部门主导的等级评估到第三方评估机制的建立，一方面，体现了政府在社会公共事务中多元主体协同治理的总体思路，另一方面，也表明社会力量参与并协同政府进行社会组织治理，推动社会组织的健康发展已势在必行。第三方评估对于克服等级评估中的权力寻租和内部人把控的现象，实现以评促建，通过科学性、专业化的评估引导和推动社会组织健康有序地发展都具有重要的社会价值和意义。①

三、创新政府绩效管理的需要

在我国传统的科层体系之中，政府治理过程自上而下，层层节制。政府绩效评估主要采用上级评估与自我评估相结合的内部评估方式，作为服务对象的社会主体被排斥在评估体系之外，评估过程缺乏开放性，评估结果缺失客观性。在这种自上而下严格管控的治理格局中，公共部门为提升自身政绩，一味迎合上级安排，依据上级评估指标片面加强经济建设，因而忽视社会多元领域的均衡发展，难以提升回应社会公众真实需求的能力。随着西方新公共管理运动的兴起，第三方评估被卷入政府改革浪潮之中，成为有效改善政府绩效评估的途径。②

从世界范围来看，第三方评估真正蓬勃发展是20 世纪70 年代西方新公共管理运动之后。新公共管理理论倡导公共管理主体多元，其行动标签之一便是公共服务社会化、市场化和民主导向，将市场竞争机制引入公共服务领域，以提升绩效和管理效能。时至今日，开展独立的第三方评估已经成为世界政府部门与社会行业评估的一种理论共鸣和实践共识。③

“第三方评估”既是政府绩效管理的重要环节，也是政府绩效管理的重要形式。李克强总理多次强调，评价政府工作不能“自拉自唱”、自己给自己“唱赞歌”，要逐步尝试将更多专业力量引入第三方评估，成为政府工作的常规机制。第三方评估也称为独立评估或外部评估，是由政府以外的第三方机构（如学术机构、媒体、咨询公司、智库、国际组织等）对政府管理与政策绩效进行的独立评估活动。这种形式不同于传统的政府机关自我考评形式，由普通市民、政府部门的服务对象评估政府的工作，是一种外部监督形式。实践表明，这种评估形式对促进政府部门的作风转

---

① 崔月琴，龚小碟．支持性评估与社会组织治理转型——基于第三方评估机构的实践分析［J］．国家行政学院学报，2017（8）：55－60，145－146.

② 樊怡敏．政府绩效中的第三方评估：内容、困境与对策［J］．厦门特区党校学报，2015（2）：76－80.

③ 袁强．第三方评估运行机制与实践规制的理性建构［J］．中国教育学刊，2016（11）：33－38.

变，促进地方经济社会发展发挥了不可替代的重要作用。①

近些年，国务院和各级政府部门都大力引入第三方评估，用于推动重大政策决策的落实与督查。2007 年以来，包括兰州大学对甘肃省非公有制经济发展的评价、华南理工大学对广东省市县政府绩效的评价等在内的第三方评估在中国各地发展迅猛。2013 年以来，国务院在督导重大政策的落实情况时引入第三方评估。各地政府也对第三方评估寄予厚望，如江苏省、广东省等地方政府纷纷推出实施意见和支持举措，加强第三方评估在多个领域的应用，鼓励通过政府与社会资本合作（PPP）的方式购买第三方评估服务。②

第三方评估作为政府体制之外的评估主体，形成了有效的外部制衡机制，弥补了传统政府自我评估的缺陷，不仅完善了政府绩效评估体系，也提高了绩效评估结果的公正性与客观性。

四、化解既有评估中所存在的现实问题的需求

长期以来，在计划经济向市场经济转型过程中，在要素市场和产品市场发育不良、市场主体结构和行为扭曲不全、市场机制残缺失效、市场力量难以有效配置资源的情况下，政府凭借强有力的行政手段，在创造稳定的社会环境、推动工业化和资本积累、实现资源的合理配置和有效运用、迅速推动经济增长等方面发挥了积极的作用。然而，强势政府主导下的传统经济发展模式相当程度上也导致了各种资源向权力积聚，加剧了社会的权力本位，各级政府官员通过直接审批投资项目，对市场准入设立广泛的行政许可，对企业和个人的微观经济活动进行频繁的、直接的干预，束缚了企业的手脚，窒息了企业的发展空间。随着我国经济发展阶段的变迁，市场经济的不断完善，需要积极发挥企业作为市场主体的主动性、创造性，充分激发市场活力，真正让市场发挥配置资源的基础性作用，需要政府部门切实转变职能，厘清政府和市场的边界，理顺政府与社会之间的关系，将直接控制经济的全能型政府改造成为提供公共服务的服务型政府。

① 徐双敏．完善政府绩效“第三方评估”问题的思考——以武汉市民主评议政风行风工作为例［J］．学习与实践，2010（3）：67－71.

② 马亮．第三方评估提升政府绩效的理论框架与研究展望[J].江苏师范大学学报（哲学社会科学版），2018，44（2）：68－78.

引入社会第三方，无疑是将社会能做好的事交给社会，削减了政府对经济运行拥有过多的话语权、支配权，改变了政府部门既是规则的制定者、执行者，又是规则参与者的状况。

在社会组织评估的组织者方面，既可以是由政府部门发起的评估，也可以是由社会组织发起的评估，甚至我国政府探索第三方评估主要是为了解决评估机构独立性不强、专业化水平不高和评估机制不健全等问题。作为一种外部评价监督机制，采用第三方评估的主要目标：一是实现评估主体的独立性；二是提高评估过程的科学性；三是增强评估结果的公正性。确立的思路是政社分开，管评分离，由独立的社会机构进行专业化评价，坚持客观公正，公开透明，确保评估公信力。综合来看，推进第三方评估能够增加社会组织评估的专业性、公正性，确保社会评估的公信力。

第二节　全面深化改革第三方评估的特点

“第三方”一般应该具备五个基本条件：独立性、专业性、公开性、客观性、效用性。这几个条件是互相依存的，即因为独立于评估对象及其利益相关方，所以权威、有公信力；又因为专业可以保证权威。[①]

一、独立性

第三方评估有一个鲜明的特点，就是具有很强的独立性。科学来源于独立思考，督查有没有力度也与独立程度有关。获得授权的评估者对政府工作或公共政策进行分析研究的时候，是不能受利益相关者干扰的，否则，拿着政府的钱、吃着政府的饭，来评判其成败得失，显然难以客观公正。第三方的独立性是针对政府而言的，对于社会，则恰恰是其“一体性”——置身于社会之中，会集民意民策，准确掌握情况，拓宽不同声音的来源渠道，全方位发现问题，提出整改建议，是其社会意义。

政府内部评估来自政府自身，无论其身份如何，无论其身处哪一级哪

① 徐双敏．完善政府绩效“第三方评估”问题的思考——以武汉市民主评议政风行风工作为例［J］．学习与实践，2010（3）：67－71.

一个部门，都存在着利益牵连，这样就使政府人员很难站在一个正确的角度对政府绩效进行评估。第三方作为独立于政府之外的组织，与政府无直接层级隶属关系，也无利益关系，保证了第三方评估主体的独立，同时评估指标的设计、评估方法的选择、评估信息的收集都由第三方独立完成，不受政府部门的干扰，保证了第三方评估过程的独立。

学界认为，从美国公共政策评估的实践来看，第三方不仅在利益关系上与作为政策制定者的政府以及相关的政策执行者保持了距离，更主要的是它们在评估中的专业性受到人们的推崇，如美国的兰德公司、布鲁金斯研究所、现代问题研究所等。第三方的核心理念是秉持独立性，从而提升政策评估的权威性，增进政策评估的社会认可度。

独立性是第三方评估的灵魂，是评估结论可信度的重要保障。第三方评估的独立性包括评估主体（即“第三方”）的独立性和评估程序的独立性两个方面。第三方评估主体应具有精神独立、机构和人员独立和独立承担法律责任等“三个独立”的属性。评估程序的独立性，一是在评估过程中，为避免委托方及利益相关方的干扰，克服评估人员和专家的主观性，需采取相应的制衡措施；二是建立相应的公开、竞争与监督机制。

评估本身不是目的而是手段，但是传统的评估模式容易受到个人主观感受的影响，尤其是政府部门内部评估极易产生应付上级的伪评估、假评估，这也就失去了评估的意义。第三方评估的引入有改善这一传统缺点的意义，但是在中国强政府、弱社会的大环境下，尤其是政府购买社会服务时，个人干扰第三方评估的情况屡见不鲜。因此，减少其他方对第三方的影响，保持第三方评估的独立性成为一个极为重要的课题。许多学者指出高校、科研院所、专业企业、民办非企业等相关主体是第三方或纯第三方，但在实际评估过程中各相关主体的独立性都受到了较大限制，所谓的纯第三方评估仅仅是一个理想的模型。第三方评估中有自发性评估，即没有任何利益关系在里边，如华南理工大学课题组对广东省市、县两级政府绩效进行评估，这可能是第三方评估中独立性高的代表作，但是信息不对称、资金难以维持等问题成为诟病。时下大多数的第三方评估是政府委托的，即政府是第三方评估资金的提供者，第三方评估机构的独立性必然会受到影响。也就是说，第一方一旦与第三方达成合作，二者就产生了利益关系，在这个程度上说，纯第三方是无法存在的。实际上，我们在分析第三方的独立性的时候，看重的是其他两方尤其是第一方对第三方的影响，这是因为在三方博弈中，第一方的力量往往是最大的，可以影响甚至控制第三方，这就意味着第三方评估中第三方的独立性实际受到的是力量最大一方的影响的。但第三方力量若是较第一方、第二方有优势，在一定程度上会增加第三方的独立性，在条件允许的情况下，委托社会力量较大、发展较好甚至超过第一方、第二方力量的第三方评估机构能够一定程度上保持第三方的独立性。

二、专业性

评估是绩效管理的关键环节，但是这里的评估并非指随意性的评价、判断，而是指科学的评估、有效的评估，因为评估并非是一门人人都懂的学问。在整个评估过程中会涉及问卷法、访谈法、文献法、科学抽样、统计分析等专业方法，也会涉及调研分析、指标设计、量表制定、实地评估、数据分析、撰写报告、结果发布等多个环节。要想评估结果真实有效、客观公正，其最基本的就是保证原始数据采集和分析过程的科学，这对评估机构或者评估队伍的专业性要求较高。目前，我国各地已经创新出的第三方评估模式主要有高校专家评估模式、专业公司评估模式、社会代表评估模式、民众参与评估模式四种。其中，社会代表评估模式、民众参与评估两种模式是政府完善自身建设且具有中国特色的评估模式，由于其无法完成科学的评估流程，不具有专业性，也难以在第三方评估领域进一步推广；高校专家评估模式、专业公司评估模式可能更有推广价值。同时，从第三方评估中的第一方（委托方）来看，其寻求第三方评估的原因除了保持结果相对公正客观、一定程度上减少评估责任等原因外，很重要的一方面是利用第三方评估机构的专业知识、专业技能以弥补自身专业性不足的缺点。从这个角度来看，第三方评估的专业性是第一方选择评估机构的首要前提。

第三方评估组织大多由专业的人士组成，他们拥有专业的评估技术，熟悉绩效评估理论，熟练掌握了绩效评估的方法，这样就使其评估出来的结果具有专业性和权威性，让人信服。

三、公开性

引入第三方评估很重要的一个作用就是监督，但在评估的过程中对第三方的监督明显欠缺。严格来说，有第三方的独立，就要有对第三方的监督以确保整个评估的公平、公正、公开，具体来说要从三个方面做起。第一，评估内容的公开。评估指标、评估方式、评估方案、评估要求等一系列评估内容是第三方评估开展的基础。一方面，评估内容的科学合理关系到整个评估的客观公正，对评估内容进行公开有利于三方对评估内涵进一步把握，有利于社会各界监督意识的培育，有利于政府权力合理实施；另一方面，评估内容是智力成果，三方或某方对其享有知识产权，因此，在公开评估内容时应注意“度”的把握和智力成果的保护。第二，评估过程的公开。评估过程的公开是评估内容具体实施阶段的延续，二者有着不可分的联系。评估内容是理论，评估过程则是实践，诸如评估方法、评估流程、评估进度、评估质量控制等在评估过程中出现不合理，仍会导致评估结果甚至整个第三方评估的失真。因此，在方法科学、手段合理的基础上对评估过程进行公开并自觉接受监督，有利于提高第三方评估的权威性、说服性。第三，评估结果的公开。评估结果的公开是最根本、最必要的公开，是整个第三方评估最低限度的公开。第三方评估是手段，是实现社会资源利用最大化的重要形式，倘若评估结果都难以公开，那第三方评估则完全沦落为内部评估，甚至是虚假评估、伪评估，毫无存在意义。评估内容、评估过程、评估结果三者是一个有机整体，在实际操作中不能分割开来泛泛而谈，内容公开是基础，过程公开是保障，结果公开是底线，只有三者的公开性一齐发挥才能保障整个第三方评估的公开性。第三方评估的公开性原则充当着不可或缺的第四方的角色用以对整个第三方评估进行监督，但又省去第四方评估的烦琐和浪费。

四、效用性

第三方评估是手段、是措施而不是目的，“以评促建”才是第三方评估的最终归宿。换言之，第三方评估是邀请第三方通过评估的形式、手段、措施来促进建设。但要想真正达到促改革、促建设、促管理、促发展的效果，最根本的还是评估结果的运用，这也是国内诸多专家学者集中吐槽之处。我国改革试点引入第三方评估，其使命绝不仅仅限于监督的职能，更是集监督、咨询、引导、建设于一体的多目标行为，归根结底还是建设与发展，也就是效用性。随着改革的深入，第三方评估已经从企业第三方评估到政府购买服务第三方评估，再到社会领域第三方评估，逐步渗透并全面推广到科技领域、教育领域、文化领域、健康领域等诸多领域，且评估内容、评估方式、评估方法也朝着多元化方向发展。其对于深化政府职能转变、创新治理形式、提高治理能力、优化政绩考核具有重要意义；从实践上讲，第三方评估能够有效检验政府职能合理发挥、推动评价技术体系进一步完善、为政府决策提供重要依据。

五、客观性

第三方评估具有客观性。政府内部评估最大的一个缺陷就是评估结果的不客观、不科学。政府自己对自己的行为进行评价，必然导致评估结果带有十分浓厚的个人主观色彩，一些领导为了自己的政绩和面子问题，常常是大搞政绩工程、虚假形象工程，经常是报喜不报忧，这样评定出来的政府绩效必定是不客观的、不科学的。第三方评估有效避免了这一弊端，第三方组织作为政府服务最直接的消费者，对政府的行为感触最深，也最有权力代表广大公众表达自己的愿望与诉求，让他们对政府绩效进行评价，能有效监督政府的行为，防止政府明一套暗一套，使评估结果的客观性和真实性得到有效保障。

第三节　全面深化改革第三方评估的意义

第三方评估作为政策执行体系的重要组成部分，是完善国家治理体系的重要组成部分，也是提升国家治理能力的重要途径。通过第三方评估，能够及时了解重大政策举措的贯彻落实情况，有效掌握其实施效果、综合效益、社会评价及各种影响，为调整政策目标、改进政策措施、推动政策落实提供科学依据，对提高改革决策和政策的针对性和有效性具有重要意义。

引入第三方评估，其评估任务与使命已不仅仅限于监督职能，而已成为一种集监督、咨询和引导于一体的多目标行为。

一、为深化改革提供准确决策依据

引入第三方评估，对促进地方政府科学决策、民主决策，提升地方政府重大行政决策质量，推动地方政府重大行政决策顺利实施，具有十分重要的现实意义。通过第三方评估科学明晰的评估标准和评估程序，地方政府制定的重大行政决策可以接受政府和社会公众的监督，扩大民主参与，增强决策的民主性；同时，第三方评估可对决策加以修正，制定应急预案，减轻决策执行阻力，提高决策执行效率。第三方评估形成的评估报告，能够科学客观地分析决策实施成效，决定决策的施行、调整或终止。而且，第三方评估具有专业理论知识和先进方法技术的优势，能够客观分析总结决策的优劣及相关责任划分，为重大行政失误问责制提供全面客观的参考依据。

第三方评估提供的证据，被认为是强化政府循证决策与管理的关键依据，有利于政府学习和绩效改进。第三方评估引入“外脑”，可以更客观、独立和专业地评估政府绩效，并为优化决策和改进绩效提供依据。事前评估可以使改革方案和政策更全面、更具可行性，事后评估可以决定是否需要对改革方案和政策进行调整、完善或终止，更好地配置政策资源，提高政策运行的科学性和准确性，实现政策运行和决策的科学化。

二、推动改革举措落到实处

第三方评估对政府工作既是监督，也是推动。落实是全面深化改革的“关键”。引入第三方评估，就是要发现一些政府内部监督碰触不到、不敢公开的问题，让监督更加客观、独立、公正。用客观评估给改革“找茬”，倒逼改革事项落到实处，第三方评估就是要公正、科学，避免报喜不报忧。每份评估均以问题为导向，为深化改革提供准确决策依据，重点发现、指出和解决问题。

好的政策只有落到实处，才会最终变成民生福祉。若是上有政策、下有对策的“中梗阻”过多，政策执行被严重打折，既会导致政府公信力下降，也会降低上级决策权威。工作督查并不鲜见，也在一定程度上发挥了作用，但由于督查本身缺乏技术支撑和标准，再加上各种因素下的督查独立性不足，其效果大为打折，公信力也因此严重受损。在这种情况下，以第三方评估的独立性和技术性，为提高督查的效果提供制度性和手段性支撑，就具有不可替代的意义。独立性是科学性、公正性和客观性的基础要件。众多事实说明，第三方评估能有效地发现问题，找出原因，并得到客观公正的结论。

我国的改革已经进入攻坚期和深水区，改革的力度在加大，对改革的抵触情绪和应付态度也在发酵，尤其是由于现在很多改革内容是对政府自身下刀子，通过清理和削减行政审批项目，改革行政制度，实现职能转变，释放市场和社会活力，最终惠及百姓。这种改革在很多方面与先前的政策性改革、经济刺激的做法不一样，它无法直接导致经济增长、结构调整和民生改善，而是需要经过政府简政放权，将能量从政府转移到市场和社会，才能发挥应有的作用。因此，政府内在的动力机制出现缺失现象是必然的，也是可以理解的。必须借助外力，撬开新政落实的大门。

三、促进政府管理创新

任何现代国家，政府都是规模庞大、能力强大而功能复杂的组织，也是信息、技术和专业人才汇聚的中心，因此，如何有效管理政府是世界性难题，也是高层决策者和广大人民群众必须直面的挑战。为此，西方国家自 20 世纪 80 年代至今，政府改革运动持续不断，而我国 40 多年来改革的中心环节也是政府管理体制改革。通过第三方评估，不仅是对具体政策、项目的评估，更重要的在于通过第三方评估引入更多社会力量的关注和参与，实现对政府管理方式的根本性变革。

第三方评估属于公共绩效管理的一种类型。加大绩效管理中的公众参与度，既是发挥市场决定性作用和更好发挥政府作用的一个结合点，又是解决当前出现的“为政不为”现象的有力抓手。国务院组织第三方评估推动政策落实，正是加大了公众参与政府绩效管理的工作，这必将推动政府绩效管理机制发生深刻变革，同时对传统的行政管理思维也会产生重大突破，如果将其常态化、制度化和进一步推广应用，可望实现深层次的创新，打造体制外推动行政管理体制改革的“利刃”，再用这一把改革的利刃反过来削减政府权力，形成改革氛围的优化和政民良性互动的格局。

评估不仅会影响被评估的具体项目或政策，且经由“举一反三”的外溢效应，而对这些项目或政策所在的政府部门产生显著影响。因此，评估与绩效管理之间存在兼容性，评估者与管理者之间的建设性对话，有助于通过评估去改进绩效。

首先，第三方评估为组织提供了专业独立的绩效信息，而这些绩效反馈有利于组织学习和绩效改进。绩效反馈理论认为，基于评估获取的信息为双环组织学习和持续绩效改进提供了条件，使组织可以对标调适。特别是来自组织外部的非常规绩效信息，有利于组织获得有价值的绩效反馈。来自第三方评估的把脉问诊，有助于政府发现问题，从而为绩效改进提供靶点。

其次，第三方评估可以强化绩效问责，使参评部门有更强的压力和动力去改善公共服务绩效。第三方评估形成的外部监督，以及评估结果的社会公开，都会对参评部门产生问责压力，并驱动其采取措施改进公共服务绩效。实验研究发现，如果预期到会有外部评估，人们就会努力完成可以胜任的目标。但如果目标难以实现，那么外部评估则会打击人们的士气。第三方评估通常由上级主管部门委托，因此被评部门还会受到自上而下的官僚问责，并会进一步督促其执行政策和改进绩效。

再次，第三方评估引入外部力量和新鲜血液，使管理层和组织成员能够获取新的视角和知识，这有助于促进组织学习，进而提升公共服务绩效。特别是第三方评估可以“举一反三”，使组织成员学以致用，将第三方评估结果及其启示应用于其他领域，从而扩大第三方评估效应。绩效评估需要强化政府部门的评估能力，并将学习嵌入组织文化，才能实现政府绩效的持续提升。因此，如果第三方评估可以促进参评部门的知识共享和集体学习，将有助于公共服务绩效改进。

最后，第三方评估可以促进组织创新，特别是为组织提供新的视角、观念、技术和实践，这都有助于评估能力建设和组织绩效改进。评估能力指一种组织能力，即获取、匹配与维持组织的目标、结构、流程、文化、人力资本与技术，借此提供可以指导实践和支持决策的评估知识，进而提升组织绩效。

四、有助于提升治理能力

在简政放权、激发市场活力的大背景下，第三方评估有利于明晰公权力边界，助推政府职能转变。这不仅成为政府加强事中事后管理的有效方式，也可以帮助政府减轻行政负担，向“小政府、大社会”有效转型。从这个意义上说，引入第三方评估无疑是提升治理能力，改善政府管理方式的重要一步。

第三方评估之所以好，就是避免了对政府工作评价的“自拉自唱”，有利于加强政策落实的监督和推动，提高了政府的公信力。十八届三中全会提出加快转变政府职能，其中重要内容之一，就是要形成有效的政府治理，其实质就是要在今后的政府管理运行机制中引入多元参与，更多更好地发挥社会组织参与政府决策、政策执行、效果评价、公开监督等方面的作用。这对我们政府传统管理方式是一个创新，从推进国家治理体系现代化来说，也是走向现代成熟型政府的重要一步。

五、有利于推动政府职能转变

建立第三方评估机制有利于政府转变职能，淡化社会组织评估的行政色彩。党的十八届三中全会提出，必须切实转变政府职能，深化行政体制改革，创新行政管理方式，增强政府公信力和执行力。国务院总理李克强在《2015 年政府工作报告》中提到，过去一年，国务院“狠抓重大政策措施的落实，认真开展督察，引入第三方评估和社会评价，建立长效机制，有力促进了各项工作”。这说明第三方评估作为创新工作的有效方式逐渐引起国务院领导的重视。社会组织第三方评估是将过去由民政部门直接操作的评估工作交给了第三方专业机构去实施，使得各级民政部门从繁重的事务性工作中解放出来，把有限的精力更多地投入到宏观管理和政策创制的工作中去，客观上淡化了社会组织评估工作的行政色彩。

第三章　全面深化改革第三方评估方法

评估方法是政策评估活动中的重要工具，选择科学有效的评估方法有助于提高全面深化改革第三方评估的准确性，从而可以帮助第三方评估主体从中找到关键问题，然后通过对问题细致地分析，全面、客观地刻画出全面深化改革的真实情况，最终对于存在的问题有针对性地提出有指导性的意见。由此可见，评估方法的合理使用是全面深化改革第三方评估的关键环节。

第一节　全面深化改革第三方评估方法的分类

第三方评估方法多种多样，并没有统一的分类标准，目前比较有代表性的分类方法主要有：基于评估主体的评估方法、基于执行过程的评估方法、基于时代演变的评估方法和基于评估工具的评估方法。

一、基于评估主体的评估方法

基于评估主体的评估方法主要从评估主体的角度，去考虑由谁来对评估对象进行评估。按照实施第三方评估的不同主体，现在各地已经创新出的第三方评估模式主要有四种：专家学者型评估、专业机构型评估、评议代表型评估和普通民众型评估。①

① 徐双敏．政府绩效管理中的“第三方”评估模式［J］．重庆行政（公共论坛），2010（4）：50－52.

（一）专家学者型评估

“专家学者型”评估是指，由高校或者科研院所的专家学者作为“第三方”接受地方政府的委托开展评估工作的方式。比如甘肃省政府委托兰州大学中国地方政府绩效评估中心进行的省内各级政府非公企业工作绩效评估；湖北省委政研室委托湖北省社会科学院进行的省内全面深化改革第三方评估。

（二）专业机构型评估

“专业机构型”评估是指，由市场化、商业化运行的专业评估组织作为第三方，接受地方政府的委托开展评估工作的模式。比如，武汉市政府邀请世界著名的管理咨询机构麦肯锡公司作为第三方对政府绩效进行评估，并且武汉市政府全面采用麦肯锡咨询公司设计方案对政府工作进行绩效评估。

（三）评议代表型评估

“评议代表型”评估是指，由国务院纠风办要求的“从人大代表、政协委员，党政机关、民主党派、人民团体、新闻单位、行业组织的工作人员，以及被评部门和行业的监管或服务对象”中产生，以“组织的测评团或评议代表”作为“第三方”进行评估的模式。主要通过对被评单位进行调研，并结合走访被评单位的服务对象以及明察暗访，最后作出评议结论并填写测评表，这种方式主要是民主评议政风行风工作中的评估方式，政府选聘评议代表评议政府部门的政风，是中国特色的第三方评估的有效形式。

（四）普通民众型评估

“普通民众型”评估是指，普通民众作为“第三方”通过随访、电话调查或者网络调查的方式随机选取普通民众进行调查或者自由参与评议的方式。依据民众参与途径的不同，在具体形式上还可以细分为三种形式：一种是政府调查机构随机抽访的市民作为“第三方”，如有的城市统计局城调队到广场随机发放问卷（调查表），或者采用计算机辅助电话访问系统进行电话调查等。另一种是在政府机关工作地随机拦截办事市民作为“第三方”，这种方式也称为“窗口拦截”，被拦截市民的评议方式主要是现场填写问卷或测评表，评议为他们办事的政府机构和人员的工作。各地方政府几乎都曾经运用过这种评议方法。还有一种就是网上评议，这是指网民自觉接受政府网上的问卷调查，而不是网民的自由发帖评议。

就参与程度而言，“评议代表型”评估能直接参与到政府职能部门的工作中去，组织座谈会等方式进行测评打分，因此其参与程度是最高的；次之的是“专家学者型”和“专业机构型”评估，这两类第三方评估机制的参与程度多为政府委托或邀请他们开展第三方评估工作，但参与程度还取决于被评估对象的配合程度；“普通民众型”到第三方评估中来是被动的而非主动，并且其参与往往是通过填写回答各种形式的调查表，参与程度较低。

不同的“第三方评估”类型因其主导的主体不同导致在工作中所呈现的独立性和专业性也有很大差别，“专家学者型”和“专业机构型”是由“独立的第三方”来主导评估工作，并依托理论基础较为扎实的高校专家学者以及评估经验较为丰富的专业评估人员，借助其专业性来提升评估效率降低评估成本。而“评议代表型”和“普通民众型”评估模式中，评议代表和普通民众在评估中只能被称之为“参与的第三方”，并且只能凭借主观的感觉对全面深化改革的部门工作方式、人员工作态度等浅显的问题进行评估，专业性明显不足。就综合效果而言，“专家学者型”和“专业机构型”较好于“评议代表型”和“普通民众型”。

因此，我们认为全面深化改革的第三方更适合由高校专家学者组成的评估机构和商业运作的专业管理咨询机构牵头，带领社会公众来完成，保证专业独立性的同时兼顾对政府绩效评估的精准性（见表3-1）。[①]

表3-1　第三方评估模式的比较分析

评估模式	工作方式	参与程度	独立性	专业性	综合工作效果
专家学者型	接受地方政府的委托或邀请	★★	★★★	★★★	★★★
专业机构型	接受地方政府的委托或邀请	★★	★★★	★★★	★★★
评议代表型	评议政风行风	★★★	★★	★★	★★
普通民众型	窗口拦截 网络评议	★	★★	★★	★★

① 孟志华，李璇．政府绩效评估中的“第三方评估”模式的比较分析［J］．河北地质大学学报，2017（40）：92-95.

二、基于执行过程的评估方法

任何政策都有一个生命周期，包括前期、中期和后期等不同的阶段。因此，基于第三方评估在整个全面深化改革政策执行过程中所发生的时间节点，可以将改革评估分为事前评估、事中评估和事后评估。

（一）事前评估

事前评估是在全面深化改革政策执行前所进行的一种带有预测性质的评估，主要包括对政策实施对象发展趋势的预测、对政策可行性的预测、对政策效果的预测。[①]

事前评估具有以下特点：（1）评估发生在评估事件发生之前；（2）评估依赖的数据是历史经验数据、专家的经验判断或实验仿真数据；（3）对评估事件预期发生的风险、收益等进行预判；（4）示例：政策是否应该出台？政策出台预期能解决什么问题，取得什么效果？政策出台后会面临哪些潜在的风险等？需要哪些配套措施？

事前评估侧重政策方案的可行性分析，比如以“成本—效益”分析为基准的经济可行性，以社会风险分析和利益权衡为基准的政治可行性，以“组织动员能力”，项目管理为基准的管理可行性等。以云计算、物联网、海量数据挖掘为代表的大数据技术，为政策模拟方针试验提供数据支撑，可以有效提升评估预测的准确度。

（二）事中评估

通常情况下，一项改革政策的实施往往需要一段时间，因此可能会出现中间评估的情形，针对改革推进过程等进行的评估，即事中评估。

事中评估具有以下特点：（1）评估发生在评估事件整个活动过程中；（2）评估依赖的数据是活动中已经产生的数据；（3）评估的目的是对评估事件发生过程的监控；（4）示例：政策执行和落实的情况如何？政策是否需要纠偏等？

事中评估侧重对政策执行状况的监督、检查，对执行现状与阶段性目标的“预期—差距”进行评估，并据此提出指导意见或者下一步执行方案

① 李志军．第三方评估理论与方法［M］．北京：中国发展出版社，2016.

修正的建议。事中评估是对政策执行过程的评估，分析政策执行过程中的问题，发现政策执行可能出现的“负效应”或非预期结果的“苗头”，以便于及时纠偏。

（三）事后评估

事后评估是全面深化改革政策执行完成后对政策效果的评估，旨在鉴定人们执行的政策对所确认问题确定达到的解决程度和影响程度，辨识政策效果成因，以求通过优化政策运行机制的方式，强化和扩大政策效果的一种行为，是最主要的一种评估方式。

事后评估具有以下特点：（1）评估是发生在评估事件结束之后；（2）评估依赖的数据是整个活动过程中产生的数据；（3）评估的目的是对评估事件完成的预期目标、产生的效果进行现实测量；（4）示例：政策的落实和执行取得了哪些效果？政策是否完成了预期的目标？

事后评估侧重于政策执行后的绩效目标实现情况、政策执行对象的满意程度测量和政策执行绩效差距的原因分析，突出政策绩效差距形成的因果机制。事后评估是针对政策效果进行的评估，着眼于问题解决程度和优化程度、政策效果。

总的来说，三者各有侧重和补充。但是实际当中，我国政府和学者更多倾向于事后评估。

三、基于时代演变的评估方法

根据评估发展的演变，古巴和林肯（Guba and Lincoln，1981）提出了“时代模式”，将政策评估划分称为四个阶段。前三代评估都采用了对评估对象有控制性的实验方式，第四代评估则基于诠释主义方法论，运用质性的评估方法，体现了评估方法从实证主义到诠释主义的转变。[①]

（一）社会实验法

实证主义范式下的政策评估方法有很多种，就其本质来看，政策评估是检视政策实施后，对其实施对象是否带来了预期及预期外的影响，那么评估者就需要对政策的实施进行判断。目前，比较流行且广泛使用的实证

① 张璞玉．时代模式下政策评估方法的演变［J］．中国管理信息化，2017（20）：196－197.

主义的政策评估方法是社会实验。美国从 20 世纪 60 ~ 90 年代，各级政府采用社会实验对医疗、教育、住房等领域实施的政策，进行了 90 多次的评估，耗资超过 10 亿美元。

社会实验的基本思想是把评估对象随机分配到实验组和控制组，对实验组实施政策，经政策干预后，通过对比两组的变化情况，判断政策干预效果。若仅有实验组发生变化，那么两组之间的差异为政策干预所致。这是社会实验最基本的思路，被视为最有效的社会实验方法——随机实验。在实际操作中因受现实情况的限制，无法随机分配控制组或无法选取控制组时，会采用准实验方法。准实验的思路同随机实验，但二者的区别在于对实验组与控制组的选取并不是随机分配的，是通过相似性进行选择。此外，覆盖面较为全面的政策，如全国性或某一地方政府的政策，随机建立实验组和控制组不太可行，这时就可以使用反身设计。这一实验设计的假设是若没有政策的干预，那么评估对象的前后测数据是一致的。但这种方法的缺点较为明显，如果后测出的数据较前测出的数据产生了变化，该变化是否为政策干预所致？因而，该实验设计在政策干预与测量的对象上存在非常密切的关系，且评估对象所处的外界环境较为稳定时才会使用。

（二）质性研究方法

古巴和林肯（1981）提出的超越了纯粹科学范畴的第四代评估——以协调和谈判为核心的评估，需要评估者与政策相关方充分互动，完全参与政策评估项目。质性研究方法在此发挥了重要的作用。质性研究方法在政策评估使用过程中、在资料收集方面，不是通过测量而获得数据，而是在自然情境下与政策评估对象进行互动。不同于实验法的是，质性研究方法强调在“自然状态”下进行，而不是实验设计中强调的对实验环境的控制。在质性研究中最有代表性的是实地法。实地法的使用需要评估者深入评估对象的背景中，通过参与观察和无结构访谈来收集项目资料，并通过对项目资料进行定性分析，从而与评估对象进行沟通协商。实地研究具有很强的弹性，不像实验法那样具有严格和固定的程序。

四、基于评估工具的评估方法

按照评估时使用的评估工具，可以将评估方法分为定性评估方法、定量评估方法和综合评估方法。

（一）定性评估方法

定性评估方法是评估者根据对评估对象的观察和分析，通过哲学思辨和逻辑分析，运用语言或文字来描述事件、现象和问题，并对评估对象的特征进行信息分析和处理。常用的定性评估方法有专家评议法、问卷调查法、访谈法、回溯和案例研究法等。

定性评估方法的特点是利用评估者（专家）的知识、经验、直觉或偏好直接对评估对象作出定性结论的价值判断，比如评估等级、评估分值或评估次序等。这类评估方法在战略层次的决策、不能或者难以量化的对象系统，或对评估的精度要求不是很高的对象系统中较常用。

（二）定量评估方法

定量评估方法是依据客观的数据，运用数学、统计学等相关理论，对被评估对象的信息进行综合分析和处理，并获得可以用数字来衡量的评估结果的方法。在进行定量评估时，不仅要处理结构化、可定量等确定性因素和信息，还要处理大量非结构化、语言型、模糊、随机、灰色、贫数据等不确定性因素和信息。为了处理这些确定性和不确定性信息，产生了如层次分析法、主成分分析法、模糊数学方法（包括模糊积分和模糊模式识别等）、灰色关联分析法、证据推理方法、熵权法方法等定量评估方法。

对于第三方评估，特别是学术界作为评估主体的第三方评估，基于其较高的建模能力、数据处理能力和学术水平。他们的评估往往更客观、更科学，在方法上更倾向于采取定量的方法，喜欢用数据说话，对于定性的内容，也往往通过一定的方法将其定量化。

（三）综合评估方法

综合评估方法，是综合使用定性和定量的方法，利用不同评估方法在处理指标构建、指标赋权或评估信息上的不同特点和优势，将多个不同的评估方法同时运用于一个综合评估问题中，以提高综合评估的质量。

《湖北省全面深化改革第三方评估》[①] 中，湖北省全面深化改革评估中心对照中央和省委提出的新要求，于 2017 年 11 月至 2018 年 2 月对湖北省 2017 年涉及经济、政治、文化、社会、生态和党的建设六大领域，53 家改

---

① 湖北省全面深化改革评估中心．湖北省 2017 年全面深化改革评估报告［R］，2018.

革牵头单位实施的158个改革项目以及全省17个市（州）的全面深化改革进行了第三方评估。在整个评估过程中，湖北省全面深化改革评估中心秉承独立、客观、公正的原则，采用了定性与定量相结合的方法，分别使用了现场调研、问卷统计分析、历史数据对比分析、综合指标体系评价法等方法，进而得出深层次的评估结论。

第二节　全面深化改革第三方评估的基本方法简述

全面深化改革评估的基本方法是全面深化改革评估的核心环节，是获取评估结论的重要途径和工具。据不完全统计，目前国内外的政策评估基本方法有几十种甚至上百种之多。在这里，我们将重点讨论国内外一些常用的比较经典的方法。

一、文献研究法

主要是从相关的统计资料、档案、报刊、官方文件、书籍和期刊等文字材料中收集研究信息，并进行整理、归纳和分析，进而形成科学认识的方法。其目的在于充分了解研究主题的知识现状，形成对研究对象的深刻认识，借鉴前人的研究成果为现行研究提供一定的辅助。尤其是要梳理全面深化改革的基础理论并对其发展前沿进行跟踪研究（如新公共管理、公共选择、新制度主义、新公共服务等），并对当前我国全面深化改革的经验进行理论提升，同时明确全面深化改革的约束条件等。

二、统计分析法

统计分析法指通过对研究对象的规模、速度、范围、程度等数量关系的分析研究，认识和揭示事物间的相互关系、变化规律和发展趋势，借以达到对事物的正确解释和预测的一种研究方法。在全面深化改革政策实施现状、补偿范围、补偿标准及评估指标数据等数据收集阶段均可采用统计分析方法。

三、专家评分方法

专家评分法是出现较早且应用较广的一种评估方法。这是一种以专家的主观判断为基础，通常以“分数”“指数”“序数”“评语”等作为评估的标准，对评估对象作出总的评估的方法。其结果具有数理统计特性。

专家评分法的最大优点是，在缺乏足够统计数据和原始资料的情况下，可以作出定量估价，专家评估法具有使用简单、直观性强的特点。这种方法能够消除个别专家评估的局限性和片面性，是国内外广泛采用的一种较为快捷、高效和科学的综合评估方法。

四、问卷调查法

问卷调查法是以调查问卷的形式收集资料的调查研究方法，是当前使用较为广泛的社会调查研究方法之一。采用问卷调查研究法需要研究人员依据一定的标准设计相关的调查问卷并将调查问卷分发给被调查对象进行填写，然后对回收的调查问卷进行整理和统计分析，从中得到研究结果。

五、层次分析法（AHP）

层次分析法（analytic hierarchy process，AHP）是1973年美国学者萨特（T. L. Saaty）最早提出的，经过多年的发展现已成为一种较为成熟的，定性与定量分析相结合的多准则决策方法。

图3－1中最高层是目标层，表示解决问题的目的，即层次分析要达到的总目标。这一层次中只有一个元素，一般它是分析问题的预定目标或理想结果；中间层包括准则层和指标层，表示采取某一方案来实现预定总目标所涉及的中间环节。它可以由若干个层次组成，包括所需考虑的准则、子准则；最底层是方案层，这一层次包括了为实现目标可供选择的各种措施、策略、方案等。如财政支出绩效评估问题，我们可以得到下面的决策系统：目标层——最优化合理利用有限的财政资源；准则层——各指标体系；评估单元层——各财政支出项目。

它的基本原理是根据具有递阶结构的目标、子目标（准则）、约束条件及部门等来评估方案，来用两两比较的方法确定判断矩阵，然后把判断矩阵的最大特征根相应的特征向量的分量作为相应的系数，最后综合出各方案各自的权重（优先程度）。该方法作为一种定性和定量相结合的工具，目前已在油价规划、教育计划、钢铁工业未来规划、效益成本决策、资源

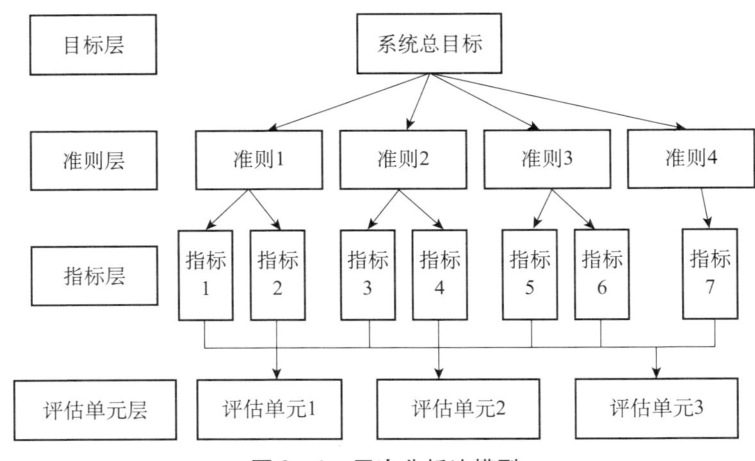

图 3-1 层次分析法模型

分配和冲突分析等方面得到了广泛的应用。

AHP 的优点：首先，既有效地吸收了定性分析的结果，又发挥了定量分析的优势；既包含了主观的逻辑判断和分析，又依靠客观的精确计算和推演，从而使决策过程具有很强的条理性和科学性。其次，AHP 把问题看成一个系统，整个过程体现出分解、判断、综合的系统思维方式，也充分体现了辩证的系统思维原则。

六、功效系数法

功效系数法又叫功效函数法，是根据多目标规划原理，对每一项评估指标确定一个满意值和不允许值，以满意值为上限，以不允许值为下限．计算各指标实现满意值的程度，并以此确定各指标的分数，再经过加权平均进行综合，从而评估被研究对象的综合状况。

功效函数评估法有以下优点：它不考虑指标间的相关作用；指标权数不由功效函数决定；功效函数的评估结果是一个点值；指标阈值确定，无论处于哪个集合中，评估值唯一；可分层处理，从低层次向高层次依次综合，最后得到一个总评估值；对无量纲化方法没有限制。功效系数法是利用多目标规划原理中的功效系数加以改进，而得到综合评判的分数。其改进的公式如下：

di＝［（实际值－不容许值）／（满意值－不容许值）］×40＋60

最后将单项评估值加权平均得到综合评估值。功效系数法的比较标准是用社会允许的共同尺度来衡量，实际值经无量纲化后，可比性较强。利用其可以进行全面深化改革经济效益方面的综合评估，在其评估指标体系中，可以同时包括正指标及逆指标，无论对哪一种指标进行评估，评估分越高，表明经济效益越好。存在的主要问题是在计算单项得分时，必须事先确定两个对比标准（评估的参照系）——满意值和不容许值，因此，操作难度较大。许多综合评估问题中，理论上没有明确的满意值和不容许值，且满意值与不容许值等概念比较模糊，如何科学的确定仍需进一步深入研究。

七、模糊综合评判法（FCE）

1965 年，美国加利福尼亚大学的控制论专家查德，第一次成功地运用精确的数学方法描述了模糊概念，宣告了模糊数学的诞生。模糊综合评判（fuzzy comprehensive evaluation，FCE）是就是以模糊数学为基础，应用模糊关系合成的原理，将一些边界不清、不易定量的因素定量化的一种综合评估方法。

模糊综合评判方法很好地解决了判断的模糊性和不确定性问题，如事物类属间的不清晰性，评估专家认识上的模糊性等，所得结果包含的信息量丰富，克服了传统数学方法结果单一性的缺陷，因而该方法在许多领域得了极为广泛的应用。

模糊综合评判法在实际事业单位绩效进行评估过程中，有许多的优点：（1）模糊评估通过精确的手段处理模糊评估对象，能对蕴藏信息呈现模糊性的资料作出比较科学、合理、贴近实际的量化评估；（2）评估结果是一个向量，而不是一个值，包含的信息比较丰富，既可以比较准确地刻画被评估对象，又可以进一步加工，得到参考信息。模糊评估法尽管自身的优点比较多，但是方法本身还存在着一些不足之处：（1）运用模糊评估法时因素数目不要选取太多；因为经验表明，当评估对象选用的因素过多时，很难顾及全面，一般建议是因素数目不要超过 9 个，这样才能使专家能够更好地进行评估工作；（2）运用模糊评估时方案数目也不要选取太多，如果方案数过多，可以采用将方案分成几组进行小的方案的评估，再将每组中小方案数中最优者进行分析评判，这样可以使评估结果更加准确。模糊评估法本身特性就是将人的主观意识转换成客观值表达出来，在专家赋予指标权重值时难免会受到多方面的影响，如权威专家的影响和对评估对象认识不清的影响等，这些都会使得权重值不会很客观，因此，在运用模糊评估法时，应该努力将这方面的影响降到最低。

八、数据包络分析法（DEA）

数据包络分析法（Data Envelopment Analysis，DEA）是 1978 年由美国查恩斯（A. Charnes）和库珀（W. W. Coope）等人首先提出来的，是以“相对效率”概念为基础，根据多指标投入和多指标产出对相同类型的单位（部门）进行相对有效性或效益评估的一种新的系统分析方法。它是处理多目标决策问题的好方法。

其优点为：在处理多输入—多输出的有效性评估方面，DEA 具有绝对优势。在实际应用中，投入指标和产出指标均有不同的量纲，但这并不构成使用 DEA 时的困难，决策单元的最优效率指标与投入指标值及产出指标值的量纲选取无关；DEA 最突出的优点是无须任何权重假设，每一输入输出的权重是由决策单元的实际数据求得的最优权重，因此，它排除了很多主观因素，具有很强的客观性。

九、人工神经网络评估方法（ANN）

人工神经网络是由大量的同时也是很简单的处理单元广泛连续而形成的网络系统，最早开始于 1943 年梅库洛奇（Meculloch）和皮茨（Pitts）提出的神经元的数学模型，反映了人脑功能的许多基本特征，是一个并行处理的非线性系统，是对人脑的行为做某些简化、抽象和模拟。最常用的是 BP 神经网络，它把一组样本的输入、输出问题变为一个非线性优化问题。还建立能够“学习”的模型，并能将经验性知识积累和充分利用，从而使求出的最佳解与实际值之间的误差最小化。

基于 BP 人工神经网络的综合评估方法具有运算速度快、问题求解效率高、自学能力强、容错能力强等优点，较好地模拟了评估专家进行综合评估的过程，因而具有广阔的应用前景。

十、成本效益分析法和成本效果分析法

成本收益分析法（cost-benefit analysis，CBA）和成本效果分析法（cost-effectiveness analysis，CEA）是全面深化改革绩效评估方面的两种常用方法。CBA 方法适用于公共政策的收益，可以用货币单位来计量，如对政府的公共资本投资项目进行评估。收益和成本差额即为净收益，它反映了公共政策的效率，一般来说，净收益越大越好。CEA 方法主要应用于收益无法货币化的公共政策分析。由于公共政策作用效果的多样性和复杂性，相对于 CBA，CEA 的适用面更广一些，使用难度也更大一些。在 CEA 的基础上，还发展了一种方法，称为加权成本效果分析法（weigh ted cost-effectiveness analysis，WCEA），这种方法是将多种效果按一定的权重转化为单一的效果，便于对公共政策的评估。

十一、3E 评价法

随着行政权力的不断膨胀，政府财政支出逐渐增加，政府面临日益加剧的财政危机。为了更好地控制政府财政支出，节约成本，在 20 世纪 60 年代，美国会计总署率先把对政府工作的审计重心从经济性审计转向经济性、效率性、效果性并重的审计，从单一指标扩展到多重指标，这就是政府施政绩效评估的雏形，俗称“3E”评价法。“经济”（economy）是指投入成本的降低程度；“效率”（efficiency）指标反映所获得的工作成果与工作过程中的资源消耗之间的对比关系；“效益”（effectiveness）指标通常用来描述政府所进行的工作或提供的服务在多大程度上达到了政府的目标，并满足了公众的需求。可以看出，效率只注重数量，而效益或称为效能更强调质量，强调结果的满意。因此，效益指标是最具综合性的一个评估指标。

从三个指标的内涵可以看出，“3E”评价法更强调成本的节约，强调经济性，这是“3E”评价法的根本价值准则。这一方面是因为最初的绩效评估缺乏完善的行之有效的考评措施。另一方面更重要的原因在于该方法被应用于公共部门的目的和意图。在面临严重的财政危机的情况下，美国政府的措施不得不更强调经济上的实用性，强调对成本的控制。1972 年，美国政府审计师用于绩效审计的工作量占到了其总工作量的 86%，足见绩效审计在美国政府审计中的地位。为了保证审计的顺利进行，其审计部门是独立于政府行政部门的。美国政府所采取的一系列措施保证了“3E”评价法在一定程度上达到了实施目的，与此前相比，政府的财政支出更加有度与合理。

十二、标杆管理

“3E”评价法存在的内在矛盾促使政府绩效评估方法的进一步探索。同时，随着新公共管理理论的发展，企业化政府、市场化政府呼声的高涨，政府管理借鉴私营企业的做法越来越多，标杆管理法的应用就是其中之一。美国俄勒冈州是以标杆管理法的成功实施而著称的一个州级城市。20 世纪 80 年代由州政府直接领导的俄勒冈进步委员会正式成立，全面的标杆管理法就由该组织集中推进。在 20 年的时间里该方法促进了政府绩效的明显好转，成功的核心就在于制定了一套科学、合理、全面的指标体系。该州在指标体系设计方面的成功经验可以归纳为以下三点：（1）与社会在未来时间内所希望达到的愿景以及政府所制定的长期战略保持绝对一致。（2）广泛征求社会各界人士的意见。俄勒冈州广泛征集了包括州政府、地方政府、立法机关、普通市民、商业团体、权势集团、慈善机构、学术研究者等各方关于指标内容的不同意见，在此基础上进行筛选与提炼。（3）在以组织战略为导向的基础上，集中于社会亟待解决的问题。这样指标体系大致分为两部分：一是与长远发展有关的战略型指标；二是与当前有关的应急型指标。

十三、平衡计分法

1992 年，哈佛商学院教授罗伯特·卡普兰（Robert S. Kaplan）和大卫·诺顿（David P. Norton）开发出了一种新型的侧重于企业的绩效评估方法：平衡计分卡法。该方法从四个角度来管理组织的绩效：顾客、财务、内部业务和内部创新与学习，并要求彼此之间保持适度的平衡。平衡计分卡在公共部门同样存在适用的可能性。从平衡计分卡本身的思想精髓及其具体内容来看，该方法在公共部门应用的关键有：（1）公共部门（这里主要讨论政府部门）对自身战略、使命的准确分析和把握并对该战略在政府内部各部门的分解。（2）公共部门对服务对象即“顾客”的正确认识。（3）公共部门内部的不断学习、变革和创新氛围的形成，建立学习型政府。

平衡计分卡在公共部门应用条件的满足，要求实施者在绩效测评时对指标体系进行恰当设计与构建，否则就只能是空中楼阁。因此，指标体系的构建成为该方法运用的关键。规范化的平衡计分指标体系分为三个层次：第一层次包括四个领域，即财务、顾客、内部业务和内部学习与创新。第二层次即上述每个领域所包含的内容。财务领域主要是组织怎样满足股东的需求，一般情况下主要指股东与合伙人。顾客领域就是政府所面临的服务对象，服务对象可能特定，也可能不特定。内部业务领域主要是政府在业务领域内所必须擅长的技能，这一特征可以借用“竞争优势”来表现，尤其是在公民有足够自主选择权的情况下，政府的竞争优势更为重要。内部学习和创新领域主要是政府人员的自我学习和提高的能力。第三层次即每一领域内的每一内容上的具体的、可量化的测评指标。因此，平衡计分卡的指标体系有一定的规范性，尤其在前两个层次上。

平衡计分卡首次提出了政府短期目标与长期目标、组织战略与评估指标体系相结合的要求。在评估的四个维度中，顾客和财务的角度注重组织的现状，而内部业务角度和创新与学习角度则关注组织的长远发展，因为这两个方面是组织发展的内在动力，只有这两个方面保证了，才能保证组织未来的顾客满意和财务优化。对政府而言，平衡计分卡体现在把政府对社会发展所承担的眼前责任与长远责任结合起来，政府不单单要学会花纳税人的钱实现财政收支的平衡，更重要的是要承担起引导社会良性发展的重任。因此，平衡计分卡是一个既注重当前发展又关注长远战略的评估方法，这是评估方法上的一大突破。

第三节 全面深化改革六大领域第三方评估的方法选择分析

全面深化改革第三方评估的方法多种多样，如何选择适当的评估方法是进行第三方评估工作极为关键的一步。同一改革评估类型可能适用几种方法，同一方法可以评估多种改革项目。因此，在选择评估方法的时候，一方面要从全面深化改革第三方评估工作的效率出发，选择简便易行的方法；另一方面也要根据全面深化改革第三方评估人员的特长进行选择。下面以全面深化改革六大领域第三方评估示例来了解一下评估方法的使用。

一、经济体制改革第三方评估案例

党的十八届三中全会对全面深化改革作出了战略部署。经济体制改革是全面深化改革的重点，核心问题是处理好政府和市场的关系，使市场在资源配置中起决定性作用和更好发挥政府作用。经济体制改革涉及多个方面的任务，例如，2015 年 5 月，国务院批转的国家发改委《关于 2015 年深化经济体制改革重点工作的意见》，提出 8 个方面 39 项年度经济体制改革重点任务，到 2017 年提出的 10 个领域 35 项年度经济体制改革重点任务。因此，改革评估方法的使用也是各有不同，但是由于经济体制改革的根本目的是解放和发展生产力，促进经济增长，经济体制改革第三方评估比较注重经济效益方面的评估。

例如，电监会和发改委等政府职能部门曾经于2008 年，批准内蒙古开展了区域电力多边市场交易的试点工作，在试运行和正式运行期间，发电企业的火电机组利用小时数明显提高，企业用户的用电价格有所降低，但是在国务院节能减排和抑制产能过剩行业的政策目标之下电力多边市场交易试点被紧急叫停。那么叫停内蒙古电力多边市场交易试点是否合理呢?当内蒙古电力价格市场化改革试点的政策效果与上级政府的其他政策目标相冲突，或者带来一些意料不到的政策影响时，就应当叫停试点工作吗?第三方评估机构应当开展成本收益/效益评估，在此基础之上完善电力价格市场化改革方案。①

作为一套成熟的政策评估方法，从概念上讲成本收益评估非常简单，即把某项政策措施的所有成本加起来，然后再将此项政策措施的所有收益加起来，用总收益减去总成本。如果总收益大于总成本，那么这项政策措施就提高了社会总收益，具有合理性。但是大多数情况下，就实现某项政策目标来说，可能存在几种备选政策措施，并且每种都能带来净收益，此时就需要开展成本效益评估，比较和选择带来的净收益最大的那个政策措施。就应用成本收益/效益评估模式评估第一次“叫停试点”这个政策措施的政策效果来说，第三方评估机构起码应当开展四个步骤的工作。

---

① 殷明．第三方评估：走出价格市场化改革的困境——基于石油和电力行业的观察［J］，学术界，2015（2）：210－218.

第一步：测算叫停试点之前，用电和发电企业通过协商确定交易电量和电价所获得的净收益，其中包括电力用户获得更低的电价，减少用电成本而获得的收益，以及发电企业提高发电小时数，“薄利多销”而获得的收益。

第二步：测算叫停试点之后，政策措施的净收益，即核算发电企业和用电企业增加的总成本与节约用电和减少大气污染物排放而获得的总收益。

第三步：比较叫停试点前后的净收益，即比较叫停试点后的节能减排的净收益和叫停试点前发电和用电企业的净收益。

第四步：比较实现节能减排政策目标的其他一系列备选政策措施的成本效益。众所周知，就治理大气污染物排放来说，可以采用实施更加严格的大气污染物排放标准、设定区域大气污染物排放限额以及构建大气污染物排放权交易市场等多种政策措施。

当然，第三方成本—收益/效益评估在现实当中也存在诸多困难。首先，评估机构很难全面和准确地收集政策效果的相关信息，毕竟所收集的信息越多，需要投入的人力、物力和财力等资源就越多，另外参与试点工作的发电企业和用电企业数量很多并且处于变动之中，这也为信息的全面收集带来一定的困难。其次，量化成本收益的数值可能非常困难，例如减少一个单位大气污染物排放后，社会收益的数值是多少的问题就很难回答。最后，确定政策措施和政策效果之间的因果关系模型也很困难，产生一定政策效果的原因即包括政府实施了一定政策措施，还可能包括其他多种经济社会因素。例如用电企业减少用电的原因可能不是用电成本上升，而是产品市场价格较低，无利可图，而减少产品生产。

二、政治体制改革第三方评估案例

政治体制改革是全面改革的重要组成部分，事关党和国家全局，是人民民主权利的切实保障、是经济长期稳定发展切实保障、是增强民族凝聚力的切实保障，因此全面推进政治体制改革具有重要意义。以不改变国家的根本政治制度为前提的政治管理体制的改革，主要包括领导体制、行政机构、干部人事制度、行政法规等方面的改革。因此，政治体制改革第三方评估更倾向于使用行政组织绩效的评估方法。

例如，为促进吉林省各级政府和部门深入贯彻落实中共中央办公厅、国务院办公厅印发的《全面推进政务公开工作的意见》和《中华人民共和国政府信息公开条例》，吉林大学和长春工业大学联合评估组受吉林省政府政务公开协调办公室委托，作为专业、中立的第三方共同承担吉林省政务公开评估工作。联合评估组依据《国务院办公厅关于印发2016年政务公开工作要点的通知》《国务院办公厅关于在政务公开工作中进一步做好政务舆情回应的通知》《国务院办公厅印发〈全面推进政务公开工作的意见〉实施细则的通知》《吉林省人民政府办公厅印发2016年全省政务公开工作要点的通知》等文件精神，围绕党中央、国务院、吉林省委和省政府的重大决策部署，把握涉及公众切身利益和公众关切的事项，秉持“阳光透明、开放参与、分类引导、突显特色”的设计理念，聚焦政府网站政务公开透明度、政务公开参与度、政务公开能力、保障措施等内容，借鉴国外兼顾政府互联网站功能“实用性、性能效率、兼容性、可用性、可靠性、安全性、可维护性”等维度的经验，对2016年吉林省市（州）政府和省直部门的政务公开绩效进行了专项评估。①

2016年吉林省政务公开工作第三方评估指标体系包括4个一级指标、15个二级指标，面向市（州）政府和省直部门的三级指标设置有所不同，分别为43个和37个，指标满分值为100分。其中，一级指标包括政务公开透明度、政务公开参与度、政务公开能力和保障措施4个方面。评估对象涵盖全省各市（州）人民政府、54个省直部门、长白山管委会以及梅河口市人民政府和公主岭市人民政府两个省直管县。此外，还从每个市（州）各随机抽取1个县（市）人民政府进行评估。本次评估采用了网络调研、电话调查、文字资料校验、模拟用户、专家评测、随机抽样、统计技术等方法，找到了吉林省政务公开工作的突出问题，并提出了相关意见建议，最后形成了《2016年吉林省政务公开第三方评估报告》。

三、文化体制改革第三方评估案例

党的十八届三中全会以来，文化体制改革攻坚破难、纵深推进，重点

① 张锐昕，蔡晶波，李荣峰，王玉荣，谢微.2016年吉林省政务公开第三方评估结果分析——基于12个市（州）、54个省直部门网站的调研数据［J］，图书馆学研究，2017（21）：92-101.

任务全面发力，一批具有四梁八柱性质的重大改革取得突破性进展，改革主体框架基本确立，重点改革支撑作用日益凸显，呈现出良好发展态势。虽然文化体制改革方面的任务是近几年才有部分地区和部门对改革成效的判定引入第三方评估，但是在文化产业方面（如旅游产业等）的第三方评估研究则相对较多。

例如，中国沿海地区滨海体育旅游竞争力评价，以滨海体育旅游实际发生地所在沿海 11 个省区（香港、澳门、台湾除外），包括辽宁、河北、天津、山东、江苏、上海、浙江、福建、广东、广西和海南为研究地域单元，衡量滨海体育旅游发展水平。①

首先，构建评价指标体系。基于滨海体育旅游竞争力的内涵，从旅游业绩竞争力、旅游资源保障力、经济发展支撑力和生态环境支持力 4 个方面选取 20 个指标，构建滨海体育旅游竞争力评价指标体系，力求全面地对沿海地区 2011 ~2014 年滨海体育旅游竞争力进行定量评估。

其次，确定指标权重。确定指标权重的方法有很多，熵值法因其既能反映指标信息的效应价值，又能克服指标间的信息重叠。因此，评估人员采用熵值法求取滨海体育旅游竞争力评价指标的权重系数。

再次，建立滨海体育旅游竞争力模型—熵权—TOPSIS 模型。TOPSIS 模型又称“逼近理想解排序法”，是多属性决策中的一种重要方法，由王和伊（Wang and Yoon）于 1981 年首次提出。其基本原理是通过构造多属性问题中各指标的最优解和最劣解，计算各评价指标与最优解和最劣解之间的相对接近程度，从而作为评价各方案优劣的依据，这种按照指标判断最优解和最劣解的研究思路更加适用于自动识别多指标集成的综合评价结果。具体步骤为：一是标准化决策矩阵的加权处理；二是确定最优解与最劣解；三是计算各评价单元与优劣解间的欧氏距离；四是计算各评价单元与最优方案的相对贴近度，贴近度越大，表明滨海体育旅游竞争力越接近最优水平。

最后，核密度估计。选用高斯核函数对中国沿海地区滨海体育旅游竞争力的演化过程进行估计，由于非参数估计无法确定函数表达式，因此通

---

① 崔瑞华，徐静，王泽宇，钟敬秋．中国沿海地区滨海体育旅游竞争力评价［J］，辽宁师范大学学报（自然科学版），2018（3）：125 -134.

常采用图形对比的方式来考察其分布变化。具体而言，通过绘制滨海体育旅游竞争力的 Kernel 密度图形，对其位置、形状及峰值进行观察分析，由此评估竞争力在时间序列上的演变趋势。

四、社会体制改革第三方评估案例

党的十八大提出“必须加快推进社会体制改革”。党的十八届五中全会指出，必须把增进人民福祉、促进人的全面发展作为发展的出发点和落脚点，全面解决好人民群众关心的教育、就业、收入、社保、医疗卫生、食品安全等问题。会议对社会体制改革提出了新要求、做出了新部署。所以社会体制改革的第三方评估方法必须要以人民为出发点，判断社会体制改革是否做到更好保障和改善民生、促进社会公平、公正。社会体制改革最大的受益者就是广大的人民群众，因此社会体制改革的好坏一般都以“社会影响力”或者“公众满意度”作为评估准绳。

例如，大连市基本公共卫生服务满意度第三方测评，以 2014 年度大连市基本公共卫生服务满意度调查项目为依托，以《国家基本公共卫生服务规范（2011 年版）》公布的考核指标为核心，从大连市基本公共卫生服务的发展现状出发，对大连市基本公共卫生服务的满意度进行第三方评估。该评估一共分四个步骤：拟定测评指标体系草案、确定测评指标、确定权重和检验。每个阶段应用不同的研究方法。[①]

第一，文献研究法。广泛查阅国内外有关基本公共卫生服务的专著、论文、国家及地方规范、相关政策文件等，了解国内外相关研究现状和发展趋势；查询大连市卫生部门历年相关资料，了解大连市实际情况。通过分析、整理、综合，拟定大连市基本公共卫生服务满意度测评指标体系草案。

第二，专题小组讨论法。评估组与大连市医疗卫生相关部门、卫生和计划生育委员会相关处室和相关医疗机构，对指标体系草案进行 20 余次小组讨论、3 场专家讨论，以最终确定大连市基本公共卫生服务满意度调查评价指标体系。

---

① 朱旭芳，刘李涛，郭瑾．大连市基本公共卫生服务满意度第三方测评指标体系的构建［J］．医学与社会．2016（29）：45－47.

第三，德尔菲法。评估组通过背对背的通信方式对专家进行两轮意见征询。最后汇总专家基本一致的看法，确定指标体系的权重。

第四，实证研究法。评估组共调研 14 个区市县的 187 所基本公共卫生服务机构，其中市内社区卫生服务中心 66 所、区市县社区卫生服务中心 11 所、独立设置的社区卫生服务站 15 所、乡镇卫生院 95 所。运用问卷及电话访问形式调查 2014 年在 187 所机构接受过基本公共卫生服务的患者。每个机构调查 286 名患者。然后，利用前面确定的指标体系对大连市 14 个区市县的基本公共卫生服务机构就 2014 年度基本公共卫生服务满意度情况进行现场评估。

五、生态文明体制改革第三方评估案例

良好的生态环境是最普惠的民生福祉。生态文明体制改革是全面深化改革的应有之义。它关系到人民群众切身利益，与老百姓生活息息相关，是全面深化改革重中之重。中国改革开放 40 年来，经济社会的发展取得了举世瞩目的成就。但随着经济的发展，环境问题日趋严峻，它已成经济社会可持续发展最紧的约束，实现全面建成小康社会的“最短的短板”。习近平总书记指出，要深化生态文明体制改革，尽快把生态文明制度的“四梁八柱”建立起来，把生态文明建设纳入制度化、法制化轨道；各地区各部门要切实贯彻新发展理念，树立“绿水青山就是金山银山”的强烈意识，努力走向社会主义生态文明新时代。生态文明改革关系到地区经济和发展、政府生态管理和补偿、人民身体健康等多个方面，因此在第三方评估时较多使用综合评价方法，从不同的角度进行考察。

例如，新安江流域生态补偿政策评估，因为新安江流域是我国第一个跨省流域的生态补偿试点，中央和皖浙两省都有参与；补偿政策体系较为完善，已经实施了 3 年且颇有成效；补偿涉及的主客体比较明确，补偿机制相对完善，易于进行比较分析；更为重要的是，通过实地调研发现，新安江流域生态补偿政策实施结果评估所需数据较为完善，利于进行定量化的分析和研究。基于这些原因，评估人员运用层次分析—模糊综合评价构建相应的评价指标体系，并运用该指标体系进行相应的实证研究，通过评估识别补偿政策的效果、影响政策效果的因素以及该因素作用的程度，进

而提出完善建议。[①] 评估主要采用的方法有以下几种。

第一，文献研究法。文献研究法也称情报研究、资料研究或文献调查，是指运用一定的检索工具对文献资料进行检索，并收集、甄别、整理和分析相关文献，进而形成科学认识的方法。资料收集仅仅是文献研究法关注的一个方面，更为重要的是对所收集到的资料进行整理、分析。对现有文献进行研究能够形成对研究对象的深刻认识，借鉴前人研究成果为现行研究提供一定的辅助。

第二，统计分析法。统计分析法指通过对研究对象的规模、速度、范围、程度等数量关系的分析研究，认识和揭示事物间的相互关系、变化规律和发展趋势，借以达到对事物的正确解释和预测的一种研究方法。在流域生态补偿政策实施现状、补偿范围、补偿标准及评估指标等数据收集阶段均采用了统计分析方法。

第三，专家咨询法。专家咨询法又称德尔菲法。该方法需要多名专家以匿名的方式对评价对象做出科学的评价，根据专家意见概率分布发现一致性意见，在定性分析的基础上通过评分做出定量性的评价。这种方法能够消除个别专家评价的局限性和片面性，是国内外广泛采用的一种较为快捷、高效和科学的综合评价方法。

第四，问卷调查法。问卷调查法是以调查问卷的形式收集资料的调查研究方法，是当前使用较为广泛的社会调查研究方法之一。采用问卷调查研究法需要研究人员依据一定的标准设计相关的调查问卷，并将调查问卷分发给被调查对象进行填写，然后对回收的调查问卷进行整理和统计分析，从中得到研究结果。

第五，AHP—模糊综合评价法。为了确定新安江流域生态补偿政策评价指标体系中各级指标的权重，采用层次分析法计算得到各个指标的权重系数，构建了一个完整的流域生态补偿政策评价指标体系。具体做法是将指标体系中同层指标相对于上一层指标进行两两比较，得出指标的相对重要性，这一判断工作主要由该领域的研究专家做出。在已构建的指标体系的基础上，运用模糊综合评价模型对新安江流域的生态补偿政策进行

---

① 王慧杰，基于 AHP—模糊综合评价法的流域生态补偿政策评估研究［D］. 中国环境科学研究院，2015.

评估，对补偿政策的效果形成客观的认识。层次分析法能够一定程度上消除主观判断对确定指标权重的不良影响，模糊综合评价法则能够减少模糊性和不确定性对评价结果带来的影响。

六、党的建设制度改革第三方评估案例

全面深化改革能否成功，关键在党、关键在人。党的建设制度改革既是全面深化改革的重要内容，也是全面深化改革取得成功的重要保证，直接关系着全面深化改革总目标的实现。党的建设制度改革作为全面深化改革的重要组成部分，不仅担负着为全面深化改革提供保证的重大政治责任，也关系着全面深化改革能否沿着正确方向有序有效推进。因此，选择合适的评估方法对党的建设制度改革进行第三方评估，有助于客观把握党建改革的整体态势，有助于进一步提高党的建设制度改革引领和推动全面深化改革的能力和水平，有助于为推进全面深化改革取得新成效提供有力保证。由于党的建设制度改革很多内容无法客观描述，评估指标无法量化，因此，党的建设制度改革第三方评估多以问卷调查等方式获取信息，再通过定性与定量相结合的方法进行评估。

例如，对内蒙古自治区 E 市党风廉政建设的第三方评估。[①] 早前，该市党风廉政建设评估机构一般为内部机构，以纪委为主。为了积极响应党的十八大所提出的“依法治国、从严治党”的方针，该市于 2014 年 11 月 3 日由该市统计局负责筹建，建成党风廉政建设第三方测评中心，正式启动党风廉政建设第三方评估工作。

首先，评估方案设计。党风廉政建设第三方测评中心根据全市党风廉政建设和反腐败形势，建立了具有当地特色的党风廉政建设评估方案。该评估方案总共涉及 15 项指标，其中一级指标 5 项，二级指标 10 项，基本涵盖中国共产党党章规定的对党的各级组织落实党风廉政建设的责任。其次，评估数据采集。党风廉政建设第三方测评中心在评估方案完成后，即着手在全市范围内选拔优秀的在校大学生兼职数据采集工作。这些大学生访问员在正式上岗之前，统一接受第三方测评中心对他们的集中培训。再

① 任鹏飞．党风廉政建设第三方评估的检视与优化——基于 E 市实践的分析［J］．中共福建省委党校学报．2019．（1）：32 – 39.

次，评估方法和技术。党风廉政建设第三方测评中心主要借助目前国内外公认的调查系统——计算机辅助电话访问系统（CATI）在18～70岁的城乡常住居民中随机抽取访问。此外，测评中心的访问人员还在服务窗口和工作场所开展现场随机问卷调查。在调查中，为了尽量避免人为因素的干扰，调查实行严格的质量督查。以2014年为例，E市党风廉政建设第三方测评中心共收回各类有效问卷25311份。评估数据在由访问员采集完成之后，党风廉政建设第三方测评中心将这些数据汇总，采用统计分析的方法对收集的问卷和数据进行处理，将有效数据转换为可读信息，形成一份综合性党风廉政建设评估报告。最后，评估信息反馈。市委、市政府与市纪委以此作为各地区、各部门党政领导班子考核的重要依据与领导干部奖励、选拔、问责、追究的重要参考。与此同时，党风廉政建设第三方测评中心给出的最终测评结果也将在全市范围内予以公示。

总的来看，全面深化改革第三方评估，根据评估的领域不同，评估方法的选择也各有侧重，而且很少只选择单独的评价方法，普遍选择多种方法进行组合，对评估项目进行综合评价。从评估主体来看，学术研究类的第三方评估通常选择比较先进和复杂的评估方法，目的是从科研角度出发，希望突破现有研究所存在的困难和不足，以期找到一种更加完美的方式，给其他相关研究提供理论基础。委托类的第三方评估通常选择简单、易行的方法，虽然评估结果不是百分百的精确，但是实际操作起来更加方便和高效。

第四章　全面深化改革第三方评估指标体系构建

第一节　全面深化改革第三方评估指标体系的构建原则

构建一套令人信服的全面深化改革第三方评估指标体系，需要在设计指标体系时坚持一些重要原则，以判断指标体系的有效性。由于指标体系本身与衡量的议题有关，因此，这些原则的设置，一是要遵循指标体系设计中严格的方法逻辑；二是要符合事实逻辑，即要综合考虑全面深化改革的中央要求和我国全面深化改革的阶段现状因素；三是要兼顾比较逻辑，绩效评估指标体系是一种标准化的操作体系，指标体系的建立是开展各地、各类改革横向比较的前提和基础。

全面深化改革第三方评估意在客观、公平地评价改革效果，但改革操作的复杂性、利益格局的多样性以及我国区域发展的差异性都大大提升了评估的难度。为使评估指标体系有效反映全面深化改革第三方评估的本质特征，设置指标体系时应针对全面深化改革的内涵和特点，遵循以下原则。

一、系统性原则

指标体系设计必须着眼于评估的目的，要有综合性和全面性。在此基础上，全面深化改革第三方评估指标体系应该是一个有机统一的整体，不仅需要体现出全面深化改革的综合情况，还需要划分为不同的层次和指标。做到既不冗余又尽可能全面，相互协调、相互映衬。选择的指标既有客观指标，也有根据科学调查得到的主观指标。

二、科学性原则

指标体系的科学性是保证评估工作和评估结果科学、准确的基础保障。当前，随着改革进入新的攻坚阶段，其复杂性和艰巨性大大增强。改革触及许多长期积累的深层次矛盾和问题，需要打“攻坚战”。科学性要求指标设计过程中应将评估理论、改革理论及改革实践相结合，既符合评估的规范性要求，又体现全面深化改革的实际特征，反映全面深化改革的客观现状。要最大限度地避免指标的交叉重叠，明确规范指标含义、数据采集口径以及指标计算公式等，避免由指标认知偏差、数据采集计算差异导致的评估结果不准确。

三、可比性原则

评价体系中每个指标的含义、统计口径、适用范围等都应可比。可比性决定了改革评价的可信度，要求指标体系对同类型、同区域级别的改革工作具有比较功能。横向比较功能体现在指标体系能够客观反映同等级的不同空间区域的改革情况，或者同区域的不同领域的改革情况，有利于相关单位了解自身改革水平以及在同类部门中所处的位置。纵向比较功能要求指标体系具有一定的稳定性和持续性，能够用于评估改革的不同时段。进行不同阶段的比较，有利于动态获取改革状况，调整优化改革节奏。

四、可获得性原则

在方法论上，实证研究的第一步，就是要建立概念和数据的有效联系，而指标体系是概念和可观数据之间的桥梁。因此，设计出来的指标体系，一定要有相应的数据予以支撑，数据来源要易于采集，数据采集方法要切实可行。在设计指标的过程中，要充分考量搜集信息资料可能付出的成本，选择相对容易获得的指标，尽量体现出指标的易获取性、操作方法的简便易懂以及实施上的快捷高效。

五、导向性原则

指标体系的设计需要与利益相关者的评价和目标一致。评价指标必须反映改革的本质要求，对改革目标具有导向作用。它明确了评估对象的工作要点和努力方向。全面深化改革第三方评估要突出中央对改革工作的新要求。

（一）突出“以人民为中心”的改革价值取向

习近平总书记指出，人民对美好生活的向往，就是我们的奋斗目标。人民是改革的主体，必须紧紧依靠人民推动改革。只有实现好、维护好最广大人民的根本利益，推动人民群众的广泛参与，才能激发人民群众的改革热情，使全面深化改革获得不竭的力量源泉。当前改革进入深水区，遇到的复杂利益关系问题，往往都难以决策和权衡，只有深入群众，倾听群众的呼声，让人民群众参与到事关他们自身的重大决策中，才能面对严峻挑战不动摇。

改革在认识和实践上的每一次突破和深化，改革中每一个新生事物的产生和发展，改革每一个领域和环节经验的创造和积累，无不来自亿万人民的智慧和实践。没有人民的支持和参与，任何改革都不可能取得成功。只有充分尊重人民意愿，形成广泛共识，人民才会积极支持改革、踊跃投身改革。在中国这样的幅员辽阔、人口众多，城乡差别、地域差别、群体差别都比较大的国家，推动全面深化改革，必须特别考虑人民的态度、传统文化和生活方式。广泛有效的公众参与是实现信息对称和决策科学的坚实基础。

（二）突出改革落实

中央全面深化改革委员会第四次会议强调，改革重在落实，也难在落实。改革进行到今天，抓改革、抓落实的有利条件越来越多，改革的思想基础、实践基础、制度基础、民心基础更加坚实，要投入更多精力、下更大气力抓落实，加强领导，科学统筹，狠抓落实，把改革重点放到解决实际问题上来。

全面深化改革已进入深水区，“啃硬骨头多、打攻坚战多、动奶酪多”，改革之路布满艰难险阻，不可能顺顺当当。改革关头勇者胜，气可鼓而不可泄。唯有迎难而上、知难而进，才能在攻坚克难中奋力实现改革的新突破，不断增强人民群众的获得感。

要把抓改革举措落地作为重要政治责任，强化主责部门和一把手责任，要敢于担当，主动作为。不仅要重视改革施工方案质量，更要考核验收改革竣工结果，没有完成或完成不到位的要问责。对通过的方案要查哨查铺，确保落实到位。

第二节　全面深化改革第三方评估指标体系的内容指向

按照公共政策绩效评估的框架，全面深化改革第三方评估大致可以分为三个部分：第一是方案质量评估，即对改革实施方案的内容和质量进行分析、检讨，重点评估政策方案与政策目标的吻合度；第二是实施过程评估，对改革方案的执行过程中的各个环节进行逐项评估；第三是改革效果评估，即针对改革方案执行的结果进行评估，以便了解地方实施方案执行的结果和影响，比如公众从改革中的获得感等。

一、方案设计评估

全面深化改革是中央作出的重大战略部署，是“四个全面”战略布局中具有突破性和先导性的关键环节。制定高质量的改革方案，是改革顺利推进、取得实效的基础和前提。要严把改革方案质量关，勇于刀刃向内、自我革命，敢于迎难而上、创新突破，抓实问题，开实药方，提实举措，使各项改革都经得起历史和实践的检验。

要坚持从政治正确性、问题针对性、举措突破性、内容关联性、程序完整性等方面理解和把握方案质量，把是否聚焦体制机制顽疾和利益固化樊篱、是否厘清利益关系、是否便于基层理解落实等作为方案评估重要标准，确保改革举措内涵清楚、指向明确、解决问题。加强和规范改革试点工作，试点过程中发现方案有欠缺的，要如实反馈，及时调整完善方案。

改革方案的科学性、创新性、问题导向、可操作性和公众参与五个方面是评估改革方案设计的基本标准，是理论工作者、研究者、改革方案制定者致力于追求的基本目标。

（一）科学性

科学性指标主要考察改革方案设计时，是否以习近平新时代中国特色社会主义思想为指导，是否以事实为依据，是否采用了科学的制定程序。坚持科学决策，程序规范。严格方案制定程序，做实做细调查研究、征求意见、论证评估、审核把关等关键环节，使改革方案符合改革目标。

要加强调查研究，坚持把方案制定建立在充分调研的基础上。专项小组牵头组织重大改革调查研究，形成调研报告报领导小组备案。加强对重大改革问题的调研，尽可能多听一听基层和一线的声音，尽可能多接触第一手材料，做到重要情况心中有数。要推动各地区各部门加强调研，注重发挥有关专家学者、研究机构对全面深化改革的调研咨询作用。要深入调查研究，广泛听取意见，最大限度地使提出的改革方案符合实际、符合改革要求，切实解决问题。要引导干部群众从党和国家事业发展大局出发看问题，认识到改革是党和国家各项工作充满活力的必由之路，讲大局、顾大局，正确认识和对待改革中的利益调整。对改革遇到的新情况新问题，要及时研究、提出对策、积极化解。

加强论证评估。改革牵头单位要坚持集思广益，广泛听取各级各方面意见建议，增加方案起草过程的透明度。对跨部门跨领域的综合性改革，要注重开展部门工作层面协调，加强沟通协商，力求形成一致意见。对涉及人民群众切身利益的改革事项，要通过座谈会、问卷调查等多种形式问需于民。对专业性、技术性较强的改革方案，要组织专家学者、研究结构进行咨询论证。坚持速度服从质量，做实做细调查研究，多深入基层听取各方意见，严格方案制定程序。做实做细调查研究、征求意见、评估把关等关键环节，严把改革方案质量关。

（二）创新性

创新性是改革评估的重要指标，主要考察项目是否突破体制机制的瓶颈，找寻改革的突破口。中央通过的改革方案落地生根，必须鼓励和允许不同地方进行差别化探索。全面深化改革任务越重，越要重视基层探索实践，要把鼓励基层改革创新、大胆探索作为抓改革落地的重要方法。坚持问题导向，着力解决好改革方案同实际相结合的问题、利益调整中的阻力问题、推动改革落实的责任担当问题，把改革落准落细落实，使改革更加精准地对接发展所需、基层所盼、民心所向，更好造福群众。

对一些矛盾问题多、攻坚难度大的改革试点，要科学组织，在总结经验的基础上全面推广。根据改革需要和试点条件，灵活设置试点范围和试点层级。改革试点要注意同中央确定的大的发展战略紧密结合起来，为国家战略实施创造良好条件。要鼓励地方和基层在教育、就业、医疗、社会治理、创新创业等关系群众切身利益的方面积极探索。对涉及风险因素和敏感问题的改革试点，要确保风险可控。要加强改革试点统筹部署和督察指导。主责部门要落实主体责任，谁主管、谁牵头、谁负责。

要发挥顶层设计对基层实践的引领、规划、指导作用，鼓励各地从实际出发进行探索，因地制宜，聚焦具体问题，细化措施，细分责任，细排时间，把握好政策界限范围、尺度、节奏。基层改革创新要尽可能多听一听基层和一线的声音，尽可能多取得第一手材料。要及时总结经验，把基层改革创新中发现的问题、解决的方法、蕴含的规律及时形成理性认识，推动面上的制度创新。

我国地区发展不平衡，改革试点的实施条件差异较大，要鼓励不同区域进行差别化探索。要坚持眼睛向下，脚步向下，尊重基层群众实践，解决群众生产生活中面临的突出问题，务必使改革的思路、决策、措施都能更好满足群众诉求，做到改革为了群众、改革依靠群众、改革让群众受益。基层改革创新一头连着广大基层干部，一头连着广大人民群众，要加强政策配套，形成鼓励基层改革创新的合力，最大限度地调动地方、基层以及各方面的积极性、主动性、创造性。要针对基层工作特点和难点，推动职能下沉、人员力量下沉，建立与基层改革实际需要相匹配的权责体系。要完善考核评价和激励机制，既鼓励创新、表扬先进，也允许试错、宽容失败，营造想改革、谋改革、善改革的浓郁氛围。

中国改革既要顶层设计，也鼓励不同区域差别化探索。在中央深改小组会议中，“试点”是高频词汇。如何选择“试点”？“试点”如何推进？2015 年 6 月 5 日召开的中央深改组第十三次会议明确给出答案：对矛盾问题多、攻坚难度大的改革试点要科学组织；根据改革需要和试点条件，灵活设置试点范围和试点层级；试点要同中央确定的大的发展战略紧密结合起来；鼓励地方和基层在关系群众切身利益的方面积极探索等。

领导干部要“自觉运用改革思维谋划和推动工作，不断提高领导、谋划、推动、落实改革的能力和水平”“改革推进到哪一步，思想政治工作就要跟进到哪一步”“把那些想改革、谋改革、善改革的干部用起来，激励干部勇挑重担”，领导干部要“既当改革的促进派，又当改革的实干家”。

抓好试点是成事之要。进行试点，就等于把改革的“前哨站”“侦察岗”建起来了。搞好试点经验的总结推广，可以为改革探路，有助于摸清规律，有利于降低风险，充分体现了“摸着石头过河”的精髓要义，是搞好顶层设计的重要前提，也是改革稳中求进的重要保障。抓成果巩固，及时总结推广改革经验，把各项成果总结好、巩固好、发展好，努力使实践成果上升为制度成果。

（三）问题导向

要有强烈的问题意识，以重大问题为导向和问题倒逼改革的新思想。习近平同志对这种思维方式作了全面阐述：“当前，国内外环境都在发生极为广泛而深刻的变化，我国发展面临一系列突出矛盾和挑战，前进道路上还有不少困难和问题。”“围绕这些重大课题，我们强调，要有强烈的问题意识，以重大问题为导向，抓住关键问题进一步研究思考，着力推动解决我国发展面临的一系列突出矛盾和问题。”改革是由问题倒逼而产生，又在不断解决问题中得以深化。面对当前迫切需要解决的一系列重大问题，关键是深化改革。将其分解开来，就是坚持和完善基本经济制度问题、加快完善现代市场体系问题、加快转变政府职能问题、深化财税体制改革问题、健全城乡发展一体化体制机制问题、推进法治中国建设问题、强化权力运行约束和监督体系问题等一系列重大的基本问题。

对重大改革尤其是涉及人民群众切身利益的改革决策，要建立社会稳定评估机制。遇到关系复杂、牵涉面广、矛盾突出的改革，要及时深入了解群众实际生活情况怎么样，群众诉求是什么，改革能给群众带来的利益有多少，从人民利益出发谋划思路、制定举措、推进落实。要建立科学评价机制，对改革效果进行全面评估。要大力宣传推进改革的新进展新成效，准确解读出台的改革政策举措，为全面深化改革营造良好舆论氛围。

具体的时代命题并非一成不变。2014 年 6 月 6 日，中央深改小组第三次会议提出，“有利于稳增长、调结构、防风险、惠民生的改革举措往前排”。此后，小组会议还曾强调，“老百姓关心什么、期盼什么，改革就要抓住什么、推进什么”。在 2016 年 12 月 5 日中央深改组第三十次会议上，习近平强调，要总结经验、完善思路、突出重点，提高改革整体效能，扩大改革受益面，发挥好改革先导性作用，多推有利于增添经济发展动力的改革，多推有利于促进社会公平正义的改革，多推有利于增强人民群众获得感的改革，多推有利于调动广大干部群众积极性的改革。

要把有利于稳增长、调结构、惠民生、防风险的改革举措往前排，也要在有利于建章立制的改革举措上下功夫，依靠改革增强经济社会发展的活力和动力。着眼于激发活力、增进人民群众获得感，聚焦解决经济社会发展的瓶颈制约和群众反映的突出问题，把握着力点、提高含金量、保持鲜活度，提高改革精确发力能力。特别是要把国有企业、财税金融、科技创新、土地制度、对外开放、文化教育、司法公正、环境保护、养老就业、医药卫生、党建纪检等领域具有牵引作用的改革牢牢抓在手上，坚持抓重点和带整体相结合、治标和治本相促进、重点突破和渐进推动相衔接，精准发力、持续用力，推动改革不断取得新成效。

（四）可操作性

要保证改革方案的可操作性，主要体现在有无相应的步骤、思路、原则和方法，去实现明确的、可考核的目的。其中思路和原则规范着步骤和方法的操作过程、范围和内容，指导着步骤和方法的方向。而步骤和方法直接体现操作方向、过程、范围和内容，直接表达实现目的的可操作性程度，体现可操作性的技术内容。如果存在相应的步骤、思路、原则和方法，尚需进一步分析和判断在改革方案制定和研究过程中上述作用的明确程度，也就是说，相应的步骤、思路、原则和方法本身可操作性的问题。出台的方案一定要有可操作性，细化改革任务的责任主体、完成时限、考核问责等。

要把方案质量放在第一位，坚持问题导向，抓实问题，开实药方，提实举措，每一条改革举措都要内涵清楚、指向明确、解决问题，便于基层理解和落实。要把好改革方案的主旨和要点，把准相关改革的内在联系，结合实际实化细化，使各项改革要求落地生根。

科学性和可操作性的矛盾值得注意。对科学性而言，可考核标准是越高越精细越好，方法是越多越好，甚至有时会出现方法越复杂则表示越科学的误区。但是，在通常情况下，越高越精细的标准越难操作，越多越复杂的方法操作性和普及程度越低。因此，选择科学性被公认且具有可操作性的指标与方法，是改革方案设计者的基本职责。不可操作意味着不操作，不操作意味着“科学制定高价值政策”是一句空话。因此，当两者冲突时，应在操作性的基础上保证科学性。

（五）公众参与

改革方案在制定过程中要有坚实的群众基础，要很好地反映人民群众的呼声，在方案设计过程中要广泛调研论证，征求群众意见。在制定改革方案时，改革牵头单位要深入基层一线，查找突出问题和现实困难，了解群众所想所盼，做到精准把脉、精确制导，使方案符合客观实际、顺应群众意愿。对涉及重大公共利益和公众权益、容易引发社会稳定问题的重大改革决策，要广泛听取群众意见，进行社会稳定风险评估。

改革方案通过后，能公开的要向社会原原本本发布，以利社会共同监督落实。人民群众共享改革发展成果的要求普遍提高，维护自己对改革决策的知情权、参与权、表达权、监督权的意识日益强烈。网络时代改革决策绩效及其公众参与评估指标体系的合理化、科学化，在很大程度上影响着评估的水平与质量。要通过广泛宣传、放手积极发动群众，搭建更多的平台，让更多的群众参与到改革中来，让改革的红利惠及更多的人民。

二、实施过程评估

要科学统筹各项改革任务，在法治下推进改革、在改革中完善法治，突出重点，对准焦距，找准穴位，击中要害，推出一批能叫得响、立得住、群众认可的硬招实招，处理好改革“最先一公里”和“最后一公里”的关系，突破“中梗阻”，防止不作为，把改革方案的含金量充分展示出来，让人民群众有更多获得感。

推进改革工作，重点在落实，难点也在落实。抓好改革落实，是检验各级各部门政治意识、大局意识、核心意识、看齐意识的重要标尺，是必须认真履行的重大政治责任。改革的最终成效与实施过程密切相关。许多改革具有涉及面广、改革周期长、财政投资大等特点，如果单纯聚焦于改革成效评价，而忽视改革过程评价，则容易导致改革评价与成效提升相脱节，变相催促改革对象实施“短平快”的改革举措，不利于改革的持续改善。反之，若单纯对改革过程进行评价，而忽视对改革成效的考察，则会催生出“为改革而改革”的做秀行为，甚至导致“只投入无产出”的结果，造成改革成本的极大浪费。

为体现中央对改革工作的新要求，一级指标“改革推进”下面的五个二级指标分别为“责任落实”“亲力亲为”“统筹协调”“督察机制”和“落实最后一公里”，以更好地了解改革工作的主体责任是否落实、主要领导是否亲力亲为抓改革、各级各部门统筹协调是否顺畅、改革督察机制是否健全以及改革举措是否落实落地等情况。

（一）责任落实

知难而进、攻克难点，抓紧落实是成事之本。“以实则治，以文则不治”。啃下改革硬骨头，就得有硬碰硬的精神、实打实的真招。改革工作能不能落实到位，落实责任是关键。改革工作的推进要明确责任分工，坚持以责任落实推进任务落实，把明晰责任作为抓改革落实的头道工序，拧紧责任螺丝，层层传导压力，形成知责明责、守则尽责的工作推进格局。

中央深改组会议强调，要把不同改革责任主体的主体责任划分清楚，落实到位，做到既各司其职、各负其责又相互协作配合。专项小组既要抓统筹部署，也要抓督察落实，对一些关键性改革要牵头组织制定方案。改革牵头部门是落实中央部署具体改革任务的责任主体，部门主要领导对改革统筹协调、方案质量、利益调整、督促落实有直接责任，要全程过问，每一个环节都要有可落实、可核实的硬性要求。地方党委对本地区全面深化改革承担主体责任，既要把中央部署的改革任务落实到位，又要结合实际部署实施地方改革、鼓励支持基层创新。

部门和地方两个责任主体，要把改革责任理解到位、落实到位，以责促行、以责问效，抓紧抓实改革方案制定、评估、督察、落实等各个环节，做到全程跟进、全程负责、一抓到底。改革工作要形成上下贯通、层层负责的主体责任链条，健全能定责、可追责考核机制，条条线都要拉直绷紧。地方各级党委对本地区改革任务承担主体责任，党委书记既要亲自抓改革部署，又要亲自抓改革督办，一级抓一级，层层传导压力，确保改革方案落地生根。

（二）亲力亲为抓改革

改革是一场革命，改的是体制机制，动的是既得利益，不真刀真枪干是不行的。地方各级党委需要多在攻坚克难、解决问题上下功夫。地方各级党委要着力抓好有关重要改革部署的具体落实，抓好调查研究、问题反馈、实践创新。在细化落实中央确定的重大改革措施时，要结合实际，因地制宜，一环紧扣一环，一步紧跟一步，盯住干、马上办、改到位。要重点抓提高改革方案质量，坚持问题导向，聚焦体制机制顽疾，敢于突破部门利益的樊篱，多站在党和国家发展大局、全面深化改革大局的立场上谋划改革。要深入开展督察工作，对存在的问题及时指出纠正，对需要调整完善的改革方案及时分析研究，努力使各项改革都能适应党和国家事业发展要求，都能满足人民群众愿望和期待。

要着力强化敢于担当、攻坚克难的用人导向，把那些想改革、谋改革、善改革的干部用起来，激励干部勇挑重担。各级党委要着力提高领导干部谋划、推动、落实改革的能力，引导干部树立与全面深化改革相适应的思想作风和担当精神，既鼓励创新、表扬先进，也允许试错、宽容失败，最大限度地调动广大干部的积极性、主动性、创造性，推动全社会形成想改革、敢改革、善改革的良好风尚。

党委书记作为第一责任人，既要挂帅又要出征，亲力亲为抓改革。对中央部署的重大改革举措，要结合本地实际实化细化，时时关心，时时跟踪，盯住不放，狠抓落实。要把改革督察工作摆上重要位置，加大督察工作力度。

对中央部署的改革任务，要高度重视、亲力亲为，中央有具体要求的，要一竿子插到底，不折不扣落实下去；中央提出原则要求的，要结合实际进行细化实化。对本地区本部门改革任务，既要抓紧推进、敢于突破，又要立足全局、通盘考虑。市县一级要注意配足力量，创新工作方法，把精力集中在打通“最后一公里”上。要总结各地创造的新鲜经验，发挥好先进典型的示范引领作用。要重视调查研究，坚持眼睛向下、脚步向下，了解基层群众所思、所想、所盼，使改革更接地气。要注意把抓改革落实同落实“四个全面”战略布局、落实新发展理念结合起来，同抓经济发展、社会稳定、民生改善、党的建设等工作结合起来，既要通过抓改革来促发展，又要围绕谋发展来抓改革。要保持督察工作力度，在是否解决了突出问题上下功夫，让实践来检验、让基层来评判、让群众来打分，确保改革落地见效。

（三）统筹协调

加强统筹协调是新形势下提高改革工作水平的必然要求。全面深化改革是一盘棋，无论从国家层面还是地方层面均如此。当前，国际经济形势依然错综复杂，国内改革发展稳定任务艰巨繁重，全面深化改革这盘棋需要统一指挥、统筹协调、形成合力，才能在激烈竞争中占据主动地位。

习近平同志指出：全党全国各族人民要坚定不移走改革开放的强国之路，更加注重改革的系统性、整体性、协同性，做到改革不停顿、开放不止步，为全面建成小康社会、加快推进社会主义现代化而团结奋斗。胆子要大、步子要稳，其中步子要稳就是要统筹考虑、全面论证、科学决策。经济、政治、文化、社会、生态文明各领域改革和党的建设紧密联系、相互交融，任何一个领域的改革都会牵动其他领域，同时也需要其他领域改革密切配合。党的十八届三中全会将全面深化改革的目标确立在完善和发展中国特色社会主义制度、推进国家治理体系和治理能力现代化建设上，推出了以党的建设制度改革为统领的加快经济体制、政治体制、文化体制、社会建设体制、生态文明体制“五位一体”的全面深化改革总方案，规划了一幅全面深化改革的线路图，发出了全面深化改革的动员令。

坚持整体推进，协同联动。准确把握改革内在联系，统筹考虑涉及改革的条件和因素，加强政策举措之间的配套衔接，切实增强改革的系统集成能力。要根据改革举措的轻重缓急、难易程度、推进条件，部署改革推进的步骤和次序，抓好各项改革任务的统筹协调。要以施工图方式明确各项改革举措的改革路径、成果形式、时间进度。

推进改革要树立系统思想，推动有条件的地方和领域实现改革举措系统集成。要把住顶层设计和路线图，注重改革举措配套组合，使各项改革举措不断向中心目标靠拢。特别是同一领域改革举措要注意前后呼应、相互配合、形成整体。要抓紧对各领域改革进行全面评估。要拿出抓铁有痕、踏石留印的韧劲来，持之以恒抓改革落实。

要把部门协调难度大、政策关联度高的改革举措作为重点，谋划改革举措出台时机和节奏，协调解决改革推进中的矛盾和问题。对敷衍塞责、拖延扯皮、屡推不动的，对重视不够、研究甚少、贯彻乏力的，要进行问责。

关系全局的改革，特别是涉及重大制度创新的改革，要统一行动，任何时候不能放松、不能滞后。具体到各个领域各个方面，要坚持问题导向，哪里矛盾和问题最突出，哪个疙瘩最难解，就重点抓哪项改革。要注意区分改革举措的性质类型，分类施策、精准施策。要明晰解题思路，明确责任主体、明确关键环节、明确时间节点。对打基础、谋长远的制度性改革，要重点搞好制度设计，抓紧细化落实；对切口小、见效快的具体改革，要盯紧抓牢，逐条跟踪，一一落实；对面上提出原则性要求、鼓励引导性的改革举措，要注重社会面引导，形成合理改革预期；对探路性质的改革试点，要大胆探索，及时总结经验，注意发现问题，该完善的要完善，可复制推广的要及时推广。对一些矛盾和问题多、攻坚难度大的改革，各地区各部门主要负责同志要亲自挂帅，顾全大局，握指成拳，合力攻坚。

抓统筹，既抓住重点也抓好面上，既抓好当前也抓好长远，处理好重大关系，统筹考虑战略、战役、战斗层面的问题，做好政策统筹、方案统筹、力量统筹、进度统筹工作。推进改革既要管宏观，也要统筹好中观、微观。要突出具有结构支撑作用的重大改革，把握好重大改革的次序，优先推进基础性改革。中央有关部门要加强对地方改革的具体指导，明确改革政策各个环节的衔接配合关系。部署全面深化改革重要举措要做到一体部署、一体落实、一体督办，切实抓好政策统筹、方案统筹、力量统筹、进度统筹。

（四）督察机制

目标是否坚定，决定改革的成败；落实能否到位，决定蓝图的实现。各地区各部门要敢于担当，积极有为推进改革攻坚。2014 年 9 月 29 日，中央深改小组第五次会议上，习近平指出“改革推进到哪里、督察就跟进到哪里”；2016 年 1 月 11 日，中央深改小组第二十次会议指出，“权力运行到哪里，公开和监督就延伸到哪里”；2016 年 7 月 22 日，中央深改小组第二十六次会议上，习近平强调，开展改革督察工作，要明确工作重点、盯住关键环节，既要督任务、督进度、督成效，也要察认识、察责任、察作风。

要狠抓改革督察。坚持改革推进到哪里、督察就跟进到哪里，进一步强化专项小组、牵头单位、省委改革办督察职责，推动改革督察常态化、全覆盖，更好发挥督察打通关节、疏通堵点、追效问责的作用。坚持谁提出、谁督察、谁落实。要集中力量做好督察工作，对执行不力、落实不到位的要严肃问责。

习近平指出，党的十八届三中全会重要改革举措实施规划（2014—

2020年），对未来7年的改革实施工作作出了整体安排，突出了每项改革举措的改革路径、成果形式、时间进度，是指导今后一个时期改革的总施工图和总台账。中央有关部门要认真组织好规划的实施工作，统筹衔接关联改革，合理安排改革进度，实化细化改革成果，处理好改革与相关法律立改废的关系，及时解决实施中的矛盾问题，力争把改革任务做实。

要调配充实专门督察力量，开展对重大改革方案落实情况的督察，做到改革推进到哪里、督察就跟进到哪里。抓督察落实，要强化督察职能，健全督察机制，抓紧构建上下贯通、横向联动的督察工作格局。要重视督察结果的运用，发现问题的要列出清单、明确责任、限定时间、挂账整改。各地区各部门要确定一批重点改革督察项目，大力抓督察落实，形成全党上下抓改革落实的局面。要加大督察工作力度，各改革方案牵头部门对出台的改革举措要进行检查，重点了解和调研改革举措落实情况。全面深化改革，要按照把改革主体框架搭建起来这一阶段性目标，排出督察优先顺序，聚焦重点难点。要抓问题要害，做到眼睛向下、脚步向下，既要发现实施中的共性问题，也要关注群众反映强烈的热点难点问题，找出症结，提出对策。要抓整改落实，督促真抓真改，对改革抓得实、有效果的要表扬，对执行不力、落实不到位的要问责追责。要抓统筹联动，完善督察职能，发挥社会和群众监督作用，做到上下贯通、内外结合。

要强化督察职能，健全督察机制，更好发挥督察在打通关节、疏通堵点、提高质量中的作用。对已经出台的改革方案要排队督察，重点督促检查方案落实、工作落实、责任落实的情况，发现问题要及时列出清单、明确责任、挂账整改。要加强对各级干部推进改革情况的了解，加大改革实绩考核权重，形成鼓励改革、支持改革的正确用人导向。

各牵头单位要加大年度工作要点的推进落实力度，到人到事，凡事都要有人去管、去盯、去促、去干。要抓紧对领导小组工作要点落实情况督促检查和对账盘点，成熟一个，审议一个，出台一个。

抓落实，各项具体改革举措要有时间表，一项一项抓落实，以多种形式督促检查，指导和帮助各地区各部门分解任务、落实责任。讲求“实干”既包含各地创造性的探索，更包含各地、各部门对中央政策的积极落实。不落实，就意味着要通过督察来查办不作为，用督察让政策“落地”。

各级党委、政府和督察部门要尽快建立健全督查机构和督查工作制度体系，完善工作制度，确立工作原则，探索建立“安排—督察—考核”三位一体工作落实机制，始终做到廉洁规范用权。

有效的督察机制不仅要依靠政府的力量来推动和维系，更要借助于民众的切身体会，借助现代互联网等新科技、新技术，创新监管、督察举措，加快改革政策“落地”“落实”。同时，督察督办要突出“快”，一旦接到线索，迅速核清事实、做实证据，立即启动追责问责程序、惩处到位，并及时向社会公开，真正做到见人见事见责任，切实保证改革工作成效。

（五）落实“最后一公里”

2014 年 6 月 6 日，中央深改小组第三次会议上，习近平指出“目标是否坚定，决定改革的成败；落实能否到位，决定蓝图的实现”。随着改革工作的不断深入推进，面临的问题和矛盾会逐渐显现，解决“最后一公里”问题事关成败，是实现改革目标的最后瓶颈，必须集中力量加以突破，让群众看到政府改革的决心、诚意和执政公信力，让老百姓切切实实感受到改革带来的成效，提升获得感和群众满意度。

承担牵头任务的有关部门，是抓落实、抓督察的主责单位，要切实担负起改革落地的责任，特别是要注意打通改革推进的“最后一公里”。实施方案要抓到位，抓住突出问题和关键环节，找出体制机制症结，拿出解决办法，重大改革方案制定要确保质量。实施行动要抓到位，掌握节奏和步骤，搞好统筹协调，使相关改革协同配套、整体推进。督促检查要抓到位，强化督促考核机制，实行项目责任制，分兵把守，守土有责，主动出击，贴身紧逼。改革成果要抓到位，建立健全改革举措实施效果评价体系。宣传引导要抓到位，继续加强宣传引导，积极宣传改革新进展新成效。落实改革工作，要抓好“两个责任主体”：抓好部门和地方两个责任主体，把改革责任理解到位、落实到位，以责促行、以责问效，做到全程跟进、全程负责、一抓到底。

抓改革落实，要遵循改革规律和特点，建立全过程、高效率、可核实的改革落实机制，推动改革举措早落地、见实效。抓紧完善督办协调、督察落实、考评激励、责任追究等工作机制。拥护改革、支持改革、敢于担当的就是促进派，把改革抓在手上、落到实处、干出成效的就是实干家。

各地区各部门的主要负责同志，对抓改革、抓落实负有直接责任，要亲自抓谋划、抓部署、抓督察、抓落实。

改革措施推广之后，如何使其落地生根？中央深改小组第二十五次会议给出答案："目标任务要抓实，精准落地要抓实，探索创新要抓实，跟踪问效要抓实，机制保障要抓实。"目标任务要抓实，围绕体制机制创新，自觉运用改革思维和改革办法推进各项工作，区分轻重缓急，优先推进、重点保障党中央明确的重要改革任务、地方破解发展难题迫切需要的改革任务、同群众切身利益紧密相关的改革任务。精准落地要抓实，对症下药，制定实施方案直奔问题去，充分调研论证，突出针对性和可操作性。要准确把握改革内在联系，提高改革系统集成能力。探索创新要抓实，继续鼓励基层创新，形成改革者上、不改革者下的用人导向，及时总结推广地方的创新做法。跟踪问效要抓实，抓好改革督察，开展评估工作，做到基本情况清楚、问题分析清楚、工作方向清楚。机制保障要抓实，完善督办协调、督察落实、考评激励、责任追究等工作机制，重视改革队伍建设，搞好业务培训，加强业务指导，提高推进改革能力和水平。

三、改革效果评估

改革评价需要将过程评价与成效评价相结合，既考察改革过程中的推进力度、目标进展、人财物投入、制度建设等实际改革工作情况，又要考察改革举措实施产生的社会效果和公众评价，强化改革过程与成效之间的因果逻辑。

全面深化改革的总目标是完善和发展中国特色社会主义制度、推进国家治理体系和治理能力现代化。抓改革成效，就把是否促进经济社会发展、是否给人民群众带来实实在在的获得感，作为改革成效的评价标准。改革评估工作应坚持以人民为中心的价值追求，将人民群众对改革过程、改革效果和社会评价的满意度全部纳入改革评估指标体系，使改革评估指标体系更能直观地反映人民群众的呼声，旗帜鲜明地体现改革就是要增强人民群众的"获得感"。落实改革举措，要让实践检验、让基层评判、让群众打分，确保改革落地见效。

（一）过程满意度

过程满意度可以从人民群众对改革项目的"项目设置满意度""亲力

亲为满意度”“部门协同满意度”“问题解决满意度”“督察落实满意度”五个方面来评价，看是否满意改革牵头部门的表现。

项目设置满意度主要考察改革项目设置是否科学合理，是否积极与人民群众的需求对接，是否针对人民最关心的问题制定改革项目及改革方案。亲力亲为满意度主要考察在改革项目确定之后，是否调动了一切力量，按照改革方案的要求执行改革步骤，是否牢抓改革执行力度，提高改革效率。部门协同满意度主要考察在改革过程中，跨部门合作实现改革目标是否顺利推进，群众对于部门协同共同推进改革的结果是否认同。问题解决满意度主要考察改革牵头单位是否针对项目出现的问题，不回避、不推诿，积极寻找解决办法，扫清改革路障，加快全面深化改革向纵深推进。督查落实满意度主要考察督察工作落实情况，是否以严谨的工作态度和严肃的工作氛围确保改革项目的顺利推进和改革任务的圆满完成，督察落实情况是否得到大部分群众的肯定。

（二）效果满意度

改革开放以来，特别是21世纪以来的十多年，在经济社会快速发展的同时，人民群众物质文化生活水平得到了切实提高。改革开放使得中国社会阶层结构发生了深刻变化，从总体上符合现代社会发展方向，但在种种不公平因素作用下，不同阶层之间形成了不同的利益追求、收入差距拉大、直接利益冲突和非直接利益冲突日益增多，而且阶层固化倾向突出、阶层间流动减少。各阶层之间的利益分化引发了社会各阶层的利益失衡，引起了收入差距、就业、腐败、住房、社会保障等各种问题，使得社会利益整合的难度大大增加。伴随着改革进入攻坚期，我国也进入了社会矛盾易发多发时期，社会难点问题日益凸显，群体性利益矛盾不断增多，社会矛盾纠纷的对抗性也有所增强，给社会稳定和谐造成了较大影响，给国家长治久安带来了较大变动，给群众生活安定产生了较大破坏。

改革效果满意度可以从“预期比较”“横向比较”“纵向比较”“推进作用”“获得感”五个方面来进行评估。预期比较主要考察改革效果是否满足了人民群众的预期。横向比较主要考察与其他同类型地区相比，人民群众对本地的改革效果的基本评价。纵向比较主要是考察与上一年相比，人民群众对本年改革效果的基本评价。推进作用主要考察改革项目执行过程中各级领导是否重视，是否形成了高效、有力的工作推进机制，是否对改革任务进行了细化分解，是否建立了完善的计划，确保改革任务完成。让人民群众有更多获得感，是习近平总书记近年来着重强调的评价改革发展成效的新论断、新标准、新要求。获得感是对中国梦最直接、最生动、最温暖的诠释，承载着沉甸甸的民意分量，检验着党和政府推进改革发展的民生含金量，也反映着老百姓对党的政策的认同度与满意度。

（三）社会满意度

社会满意度可以从“社会参与”“项目数量”“改革含金量”“社会影响”四个方面来考察。其中，社会参与主要指普通群众参与改革评估调研的问卷数量。项目数量指某地区或某部门完成的改革项目数量。改革含金量和社会影响是两个反映改革成效的客观指标。“改革含金量”主要考察各地方或改革项目牵头单位改革获得各级领导批示的情况，改革经验获全国、全省复制推广、现场会交流的情况以及改革在全国先行先试的情况。“社会影响力”指标主要包括改革获得有关中央主流媒体采用报道、省级主流媒体采用报道情况，与改革有关的获奖数量及级别等。此外，其他有关可以证明改革取得重要成果的材料，也作为评估的参考依据。

党的十八届三中全会指出，我国全面深化改革要以促进社会公平正义、增进人民福祉为出发点和落脚点。新闻媒体直接面向大众用户，可以说是人民群众决定媒体报道的主题。媒体报道可以反映哪些改革项目是最受人民群众关注的，进而认识到哪些领域的改革是人民群众迫切需要的，指明下一步的改革方向。

第三节　评估指标体系的构建及权重赋值

本节以案例的形式，说明全面深化改革评估指标体系的构建，并运用适当方法确定改革评估指标的权重。

一、构建改革评估指标体系

结合本章前两节的分析，我们从全面深化改革的全过程着手，分方案设计、改革推进和改革效果三个维度，来构建某地改革评估指标体系。具体指标体系如表 4－1 所示。

表 4 – 1　　改革评估指标体系（举例）

一级指标		二级指标		评价				
名称	代号	名称	代号	很好	较好	一般	较差	很差
方案设计	G1	科学性	G11					
		创新性	G12					
		问题导向	G13					
		可操作性	G14					
		公众参与	G15					
改革推进	G2	责任落实	G21					
		亲力亲为抓改革	G22					
		统筹协调	G23					
		督察机制	G24					
		最后一公里	G25					
改革效果	G3	过程满意度	G31					
		效果满意度	G32					
		社会满意度	G33					

二、改革评估指标的权重及赋值方法

（一）改革评估指标权重赋值方法

根据现有研究成果，评估指标权重赋值的一般方法有以下几种。

1. 层次分析法。层次分析法由美国运筹学家、匹兹堡大学教授萨蒂于20世纪70年代初期提出的，其基本思路是：将评价对象或问题视为一个系统，根据问题的性质和要达到的总目标，将问题分解成不同的组成要素，并按照要素间的相互关联度及隶属关系，将要素按不同层次聚集组合，从而形成一个多层次的分析结构系统，把问题条理化、层次化。它是一种定性和定量相结合的、系统化、层次化的分析方法，具有高度的逻辑性、系统性、简洁性和实用性，特别适用于那些难以完全用定量方式进行分析的复杂问题。在层次分析法中，为了使判断定量化，关键在于设法使任意两个方案对于某一准则的相对优越程度得到定量描述。一般对单一准则来说，两个方案进行比较总能判断出优劣，层次分析法采用1～9比例标度法，对不同情况的评比给出数量标度，然后根据标度理论，构造两两比较判断矩阵，并采用方根法对建立的两两判断矩阵进行求解，进而求取权重，最后对求取的权重进行一致性检验，通过一致性检验方可认为所求权重合理，否则对判断矩阵进行调整，重新计算，直至通过检验为止。[①]

2. 离差最大法。离差最大法的思想是如果第 i 个评价指标对所有评估对象均无差别，则该指标权重为 0；若该指标在不同评估对象中差异较大，则该指标在综合评估中所起的作用越大进而权重越大。于是，权重确定就可以转化为以合适约束条件下“评价值总离差最大化”为目标的优化问题。本书采用差值的绝对值度量两两评价值之间的差异，以权重非负以及平方和为 i 作为约束条件，最优化评价值总离差。

变异系数法和熵值法。权重的确定即为量化各个指标的重要性。从数据本身考虑，指标的重要程度往往与指标的信息量相关联。指标的信息量越大，重要程度越大；信息量越小，重要程度越小。给出指标信息量的某种度量，对各个指标的信息量做加权平均，即可得到指标权重。用指标标准差做为信息量，即为变异系数法；用信息熵作为信息量，即为熵值法。因此，这两种方法均考虑的是指标自身特性，不涉及指标的相互关系。

3. 灰色关联分析法。对一组权重给出一组参考序列，基于参考序列和原始数据给出每个数据值与对应参考序列值的某种关联值，距离越小关联值越大，某一指标的所有关联值相加得到该指标的综合关联值，归一化处理后即得到指标权重。若参考序列为最优序列，则灰色关联分析的本质是给总体越优的指标赋予越大的权重。

4. 因子分析法。指标有很多个，但是影响指标的因子可能很少。因子分析也需要选定主成分，但不将其重写为原始指标，而是直接计算指标在各个主成分上的投影绝对值之和，归一化作为权重。其本质是将各个指标表示为主因子的线性组合，根据各个指标在主因子上的投影贡献度归一化作为权重。

5. 主成分分析法。原始指标做线性组合可以得到一组新的指标，它们之间两两正交（即相关性为 0），对新指标按照标准差从大到小排列，依次为原始数据的主成分。选取前若干个主成分，使其方差贡献率超过给定阈值，选定的主成分按其方差归一化加权，即可得到原始指标的评价值。由于每个主成分可以反表示为原始指标的线性组合，这样将原始指标重新代

---

① 胡伟，龙庆华. 基于层次分析法的企业污水治理评价指标体系权重确定［J］. 环境污染与防治，2014：36（2）.

入选定的主成分做加权运算，即可得到综合评价值与各指标的关系，对系数做归一化，即可得到对应各个指标的权重。此方法为主成分分析法，其需要输入方差贡献率这个参数。①

传统计算方法通过计算超标比来确定各因子的权重，即根据评价对象各评价指标的评估值相对于既定标准均值的超标程度，将归一化计算结果作为因子权重。该方法的缺点是，当存在多个评价对象时，每个评价对象都要分别计算一次每个评价指标的权重值，工作量过大，计算得到的权重值仅考虑了个体因子的特征，而对多个评价对象的相互联系却无法描述。

层次分析法赋权是在建立有序递阶的指标体系的基础上，通过比较同一层次各指标的相对重要性来综合计算指标的权重系数。该方法采用标度值进行权重计算，计算结果比较主观，对评价结果有一定的影响。变异系数法是运用评估标准中各评价指标数值的变异系数来确定权重。该方法避免了专家赋权的主观偏好，较为客观地反映了评估评价各项指标的相对重要程度，但是确定的权重值较为均一。熵权法采用熵来确定指标权重，当评价对象在某项指标上的值相差较大时，熵值较小，说明该指标提供的有效信息量较大，该指标的权重也应较大。该方法考虑了多个样本间的联系，可削弱异常值的影响，使评价结果更准确、合理，但熵权法也存在赋权均衡化的缺陷。

（二）确定评估指标的权重

对比来看，层次分析法将定量分析与定性分析结合起来，用决策者的经验判断各衡量标准之间的相对重要程度，并合理地给出每个决策方案的每个标准的权数，利用权数求出各方案的优劣次序，对于求解指标的权重值具有较好的适应性和准确性，能有效地处理那些难以用定量方法解决的问题。因此，本书以层次分析法为例，来确定改革评估指标的权重。具体方法如下。

第一步，采取德尔菲（Delphi）法或专家调查法，请有关专家根据自己的判断按记分制的形式，根据改革的要求给出一级指标相对重要性的次序。即给最重要者打 3 分，次要者打 2 分，最不重要者打 1 分。这样，我

---

① 钟赛香，胡鹏．基于合理权重赋值方法选择的多因素综合评价模型——以 JCR 中 70 种人文地理期刊为例［J］．地理学报，2015：70（12）．

们就可以获得一系列专家对各个一级指标对比排序的统计数据。

第二步，设有 3 个评估指标 G_1、G_2、G_3，并且假设已知它的各自权重为 a_1、a_2、a_3，用每个指标的权重对全体指标的权重之比为行，可以构造一个 3×3 的矩阵 Gs，称为判断矩阵（见表 4-2）。

表 4-2　判断矩阵

		G_1	G_2	G_3
Gs =	G_1	a_1/a_1	a_1/a_2	a_1/a_3
	G_2	a_2/a_1	a_2/a_2	a_2/a_3
	G_3	a_3/a_1	a_3/a_2	a_3/a_3

如果我们要评估一组评估指标的权重，就可以根据专家评分的统计分析，逐对比较矩阵中各组指标的相对重要程度（权重），从而得出每对指标重要性（权重）比较判断的结果，再按给定的标度表定量化（见表 4-3）。

表 4-3　标度及其描述

标度	定义	说明
1	两个因素相同重要	两个因素对考核事项有相同贡献
3	一个因素比另一个因素稍微重要	两个因素中稍微偏重于一个因素
5	一个因素比另一个因素较强重要	两个因素中较强偏重于一个因素
7	一个因素比另一个因素强烈重要	一因素强烈偏重，其主导地位偏重于一个因素
9	一个因素比另一个因素绝对重要	二因素偏重于一因素的证据是判断最高级
2、4、6、8	表示两相邻判断的中值	
倒数	因素 i 因素 j 比较得判断 a_{ij}，则 j 与 i 比较得判断 $a_{ji}=1/a_{ij}$	

第三步，根据美国学者赛提（Santy）的方根法进行计算。

首先，计算每行元素连续乘积的 m 次方根，公式为：

$$M_i = \sqrt[4]{\prod_{j=1}^{4} N_{ij}} \quad (j=1, 2, 3, 4) \tag{4-1}$$

可以计算出其对应的特征向量为：

$$A^T = [W_1, W_2, W_3]^T \tag{4-2}$$

其次，进行归一化处理，利用公式：

$$U_k = \frac{W_i}{\sum_{i=1}^{4} W_i} \tag{4-3}$$

求得权重向量：

$$A_Z = (U_1,\ U_2,\ U_3)^T \tag{4-4}$$

即每个一级评估指标的权重分别为：U_1，U_2，U_3。

最后，进行一致性检验。

构造好判断矩阵后，需要根据判断矩阵计算针对某一准则层各元素的相对权重，并进行一致性检验。虽然在构造判断矩阵A时并不要求判断具有一致性，但判断偏离一致性过大也是不允许的。因此需要对判断矩阵A进行一致性检验。简单地解释一致性的概念：我们在对比几个指标的时候，需要对指标进行两两比较，如果得出一个结果：A>B，B>C，我们必须得出A>C，反之则一致性不成立。更精细一点，如果A比B重要值为3，B比C重要值也为3，那么A与C比较，值应该为6，但是如果最终不是6，是5，或者7之类，也会在某种程度上影响一致性。所以需要检验对比矩阵的一致性，确保两两比较的时候，没有出现以上错误。

1. 计算出判断矩阵的最大特征向量λ_{max}，CI。

$$CI = \frac{\lambda_{max} - m}{m - 1} \tag{4-5}$$

$\lambda_{max} = \sum (B_i A / nU_i)$，$B_i$为判断矩阵的第I行的行向量。

2. 计算随机一致性比率。

$$CR = CI/RI \tag{4-6}$$

RI为平均随机一致性指标，根据阶数可以在量表4-4里查询。

表4-4　　一致性检验判断标准

阶数	1	2	3	4	5	6	7	8	9
RI	0.0	0.0	0.58	0.90	1.12	1.26	1.92	1.41	1.45

如果CR<0.1，则说明所计算出来的每个一级指标权重是满意的；如果CR>0.1，则需要对矩阵中某一对指标权重比较判断的结果按表4-3进行调整，直到最后的一致性检验符合标准为止。据此，我们可以确定各一级指标的权重分配。

二级指标的分权问题，我们可以取各项二级指标在重要性上具有相同的分量，即将二级指标视为等权，则二级指标也可以按其一级指标中的百分数计算（见表4-5）。

表4-5 **权重分布**

一级指标	G$_1$			G$_2$			G$_3$		
一级指标权重	U$_1$			U$_2$			U$_3$		
二级指标权重	U_{11} 33%	U_{12} 33%	U_{13} 33%	U_{21} 33%	U_{22} 33%	U_{23} 33%	U_{31} 33%	U_{32} 33%	U_{33} 33%

依此，我们也可以对三级指标甚至四级指标的权重按二级指标权重确定的方式进行确定。

3. 进行定量转换。在此，采取定性排序与定量转换研究中的隶属函数模型：

$$F_k=\frac{\ln\ (m-k)}{\ln\ (m-1)}\begin{cases}k-\text{排序序号}\\F_k-k\text{ 的隶属主}\\m=2+\max\ \{k\}\ \text{一个转换参量}\end{cases}\tag{4-7}$$

对于每项改革工作的好坏，人们都可以给出优、良、中、差等定性等级评估。如果我们采用“很好”“好”“一般”“较差”四个等级，那么，式（4-7）中：K=1，2，3，4，m=2+4=6，于是有：$F_1=1$，表示很好；$F_2=0.86$，表示好；$F_3=0.68$，表示一般；$F_4=0.43$，表示较差。

4. 量化处理与评估分析。在改革评估工作中，根据改革评估指标体系设计调查表，发给调查对象，由调查对象进行评估（赋值）。具体步骤如下。

（1）要求调查对象在评估指标的等级栏目内打“√”并且规定同一个二级指标或三级指标不能给两个选择，即一个二级指标不能打两个“√”。

（2）将调查数据收集后，统计每项二级指标中填写评估各等级的人数 F_{ijk}。

（3）计算每项二级指标的单项总量指标 P_{ij}。

$$P_{ij}=\sum_{k=1}^{4}F_{ijk}\cdot F_k\tag{4-8}$$

其中，F_k 为第 k 等级的隶属度，F_{ijk}为某项二级指标中第 k 级的人数。

（4）计算每项二级指标的人均评估值 Q_{ij}。

$$Q_{ij}=\frac{P_{ij}}{\sum_{k=1}^{4}F_{ijk}}\tag{4-9}$$

（5）计算每项一级指标的评估值 X_i。

$$X_i=\sum_{j=1}^{4}M_{ij}\cdot P_{ij}\tag{4-10}$$

其中，M_{ij} 为每项二级指标的权重。

（6）计算综合评估值Z，公式为：

$$LNZ = \sum_{i=1}^{4} M_i \cdot \ln X_i \tag{4-11}$$

其中，M_i 为每项一级指标权重，X_i 为每项一级指标的评价值。

一般来说，某项改革或整体改革的综合评估值的界域在 $43 \leqslant Z \leqslant 100$，$Z=100$，表示的改革评估充分肯定；$Z=43$，则表示否定，Z值越大则肯定的比重越大，反之，对改革评估的Z值越小，表示对改革的不满意程度越大。

三、评估指标赋值举例

假设某地改革评估指标体系如表4-6所示，那么我们可以利用上述方法为评估指标赋值。

表4-6　某地改革评估指标体系

一级指标	权重（%）	二级指标	权重（%）
方案设计 C_1	33	科学性	20
		创新性	20
		问题导向	20
		可操作性	20
		公众参与	20
改革推进 C_2	33	责任落实	20
		亲力亲为抓改革	20
		统筹协调	20
		督察机制	20
		最后一公里	20
改革效果 C_3	34	过程满意度	33
		效果满意度	33
		社会满意度	34

根据表4-6可以看出，在一级指标中专家对方案设计、改革推进、改革效果的重视程度不一样，以 C_1、C_2、C_3 分别代表方案设计、改革推进、改革效果。可以得出 $C_3 > C_2$，$C_2 = C_1$，根据上述规则可以得出判断矩阵及

相应的计算数据（见表4－7）。

表4－7　　判断矩阵计算结果

指标	C_1	C_2	C_3	M_i	W_i
C_1	1	1	1/3	0.69	0.2
C_2	1	1	1/3	0.69	0.2
C_3	3	3	1	2.08	0.6

由表4－7数据可以得出：

（1）$AT=[M_1, M_2, M_3]^T=[0.69, 0.69, 2.08]^T$

（2）$AZ=[W_1, W_2, W_3]^T=[0.2, 0.2, 0.6]^T$

（3）$\lambda_{max}=\sum(BiA/nUi)=3$

（4）$CI=\frac{\lambda_{max}-m}{m-1}=0$（m代表的是变量的个数，本例为3）

（5）$CR=CI/RI=0$

由上述计算结果可以得出 $CR<0.1$，则说明所计算出来的每个一级指标权重是满意的，据此，我们可以确定各一级指标的权重分配，$C_1=0.2$，$C_2=0.2$，$C_3=0.6$，同理，二级指标赋值也可以参照上述方法。

第五章　全面深化改革第三方评估的组织实施

第一节　评估组织机构的资质与选择

一、评估组织机构资质要求

一般来说，第三方评估机构要具备四个方面的资质条件：一是能独立运作，能够承担民事责任，最好是法人；二是具有相对稳定的专业评估技术人才，特别是有业内知名的专家学者作为领军人物；三是内部管理规范，有一整套的内部运行管理制度；四是知法守信，没有违法违纪等不良记录。其中，能够承担民事责任的硬性资质是从事第三方评估的最低要求，人才队伍、管理水平、社会信誉情况等软性资质决定了该机构是否拥有足够的能力及其评估的专业认可度及结果的权威性。

哪些类型的组织能够作为全面深化改革的第三方评估机构呢？2015 年 5 月 13 日，民政部就如何选定对社会组织进行评估而发布的《民政部关于探索建立社会组织第三方评估机制的指导意见》（以下简称《意见》）可供参考。《意见》提出，民政部门要充分利用现有资源，大力发展民办非企业单位、社会团体、市场中介机构和事业单位等多种类型的专业机构。目前从全国范围内看，各类社会组织的第三方评估工作多由民办非企业单位、综合性、联合性的社会团体和事业单位来承担，并取得了良好的社会反响。比如，北京市在全市具备资质条件的支持性组织中选聘了北京互联社会组织资源中心、北京大学公民社会研究中心、北京德诚社会组织评估与促进中心、华北电力大学人文学院社会企业研究中心、北京市科学技术评价研究所、北京师范大学社会公益研究中心六家单位作为第三方社会评估机构，负责实地评估。黑龙江省以购买服务的方式，委托社工机构黑龙江省社会工作发展中心实施评估工作。安徽省委托省社会组织联合会负责评估日常工作。湖北省委托省社会组织总会实施评估工作。青海省委托民间中心和省信用调查中心对省本级和大多数区县的社团、基金会和民办非企业单位的评估。浙江省委托浙江省禾诚信用有限公司评估基金会、民办非企业单位，委托浙江省至诚会计师事务所、浙江省天平会计师事务所、浙江省智普会计师事务所对社团进行评估。鉴于目前专门从事改革评估的专业机构并不多，我们需积极探索建立改革第三方评估机构健康发展的政策措施，建立相应的管理制度，加强人才队伍建设，逐步使改革评估机构更好地承担社会组织第三方评估工作。

二、评估机构的选择

改革部署督办部门在遴选第三方评估机构时，需按照公开公平公正的原则，向社会公开社会组织评估的项目、内容、周期、评审流程、资质要求等，以便于相关机构了解情况并申请参加遴选。通过招标、邀标等方式，择优选择第三方改革评估机构，并通过合同等形式明确双方的权利义务关系。考虑到改革评估结果与被评估单位年度考核、表彰奖励有较大的关联性，为进一步体现改革第三方评估的公正公平，必须切断第三方评估机构在评估工作的利益关联，被评估的各级党委政府和各行政事业单位所属的各级事业单位不得作为改革第三方评估机构。

三、湖北省全面深化改革评估中心概况

湖北省全面深化改革评估中心（以下简称“改革评估中心”）直属于湖北省社会科学院，是国内全面深化改革第三方评估领域的先行者和探路者，是湖北省十大改革智库之一。改革评估中心与各地市党委政府和省各行政部门没有隶属关系，平时也没有业务往来关系。由此，可保障中心的独立性和客观公正性。改革评估中心主任由湖北省社会科学院党组书记张忠家担任，经济所所长叶学平任执行主任。改革评估中心以湖北省社会科学院雄厚的研究力量为主要依托，秉承客观、公正、开放、协同、创新的

精神，云集了省内外经济、政治、社会、文化、生态、党的建设等各个领域的众多有影响力的理论和实务专家，目前共有专职研究人员 8 人，兼职研究人员 20 余人，大都具有高级职称或博士学位，是一支具有较强研究实力的智库团队。改革评估中心以服务和推动湖北省全面深化改革为宗旨，以打造全国知名的改革智库为目标，通过构建科学合理的第三方评估理论和方法体系，对湖北省全面深化改革进行独立的第三方评估和研究。

第二节　评估组织机构的设计与运行

评估机构组织架构，是指评估机构按照国家有关法律法规、机构章程，明确评估机构决策层、管理层和内部机构设置、职责权限、人员编制、工作程序和相关要求的制度安排。

一、组织架构设计与运行中的主要风险

组织架构设计与运行中的主要风险有两点：一是治理结构形同虚设，缺乏科学决策、良性运行机制和执行力，可能导致企业运行失败，难以实现发展战略；二是内部机构设计不科学，权责分配不理，可能导致机构重叠、职能交叉或缺失、推诿扯皮，运行效率低下。

二、组织架构设计环节的关键控制点及控制措施

评估机构在设计组织架构时，至少应当遵循以下原则：一要依据法律法规；二要有助于实现发展战略；三要符合管理控制要求；四要能够适应内外环境变化。

（一）完善机构治理结构。

领导层、执行层的职责权限、任职条件、议事规则和工作程序等应当根据国家有关法律法规的规定予以明确，机构的决策权、执行权和监督权应当相互分离，形成制衡。

（二）贯彻落实“三重一大”决策制度。

机构的重大决策、重大事项、重要人事任免及大额资金支付业务等，

应当按照规定的权限和程序实行集体决策审批或者联签制度。任何个人不得单独进行决策或者擅自改变集体决策意见。重大决策、重大事项、重要人事任免及大额资金支付业务的具体标准由机构自行确定。

（三）合理设置内部职能机构

评估机构应当按照科学、精简、高效、透明、制衡的原则，综合考虑机构性质、发展战略、文化理念和管理要求等因素，合理设置内部职能机构，明确各机构的职责权限，避免职能交叉、缺失或权责过于集中，形成各司其职、各负其责、相互制约、相互协调的工作机制。

（四）不相容职务分离

评估机构在确定职权和岗位分工过程中，应当按照不相容职务相互分离的要求，对各机构的职能进行科学合理的分解，确定具体岗位的名称、职责和工作要求等，明确各个岗位的权限和相互关系。在确定职权和岗位分工中，应体现不相容职务分工的要求，不相容职务通常包括：可行性研究与决策审批；决策审批与执行；执行与监督检查等。

（五）明确岗位职责

评估机构应当制定组织结构图、业务流程图、岗（职）位说明书和权限指引等内部管理制度或相关文件，使员工了解和掌握组织架构设计及权责分配情况，正确履行职责。

三、组织架构运行环节的关键控制点及控制措施

（一）全面梳理治理结构和内部机构

评估机构应当根据组织架构的设计规范，对现有治理结构和内部机构设置进行全面梳理，确保本企业治理结构、内部机构设置和运行机制等符合现代企业制度要求。

1. 在梳理治理结构的过程中，应当重点关注决策层、管理层及其他高级管理人员的任职资格和履职情况，以及运行效果。治理结构存在问题的，应当采取有效措施加以改进。

2. 在梳理内部机构设置过程中，应当重点关注内部机构设置的合理性和运行的高效性等。内部机构设置和运行中存在职能交叉、缺失或运行效率低下的，应当及时解决。

（二）及时全面评估自身组织架构

评估机构应当定期对组织架构设计与运行的效率和效果进行全面评估，发现组织架构设计与运行中存在缺陷的，应当进行优化调整。评估机构组织架构调整应当充分听取决策层、管理层和其他员工的意见，按照规定的权限和程序进行决策审批。

四、评估组织机构的运行规则

第三方评估机构开展评估工作要严格依照评估标准和程序，要客观公正，不得利用评估谋取不正当利益。教育引导评估人员严格遵守评估工作纪律，不得弄虚作假、徇私舞弊，自觉接受评估对象和社会的监督。第三方评估机构要及时公布社会组织评估机构、评估方案、评估标准、评估程序和评估结果，自觉接受评估对象和社会公众对评估工作的咨询，积极回应质疑。评估是手段，不是目的，要想通过评估真正达到促改革、促建设、促管理、促发展的效果，必须高度重视评估结果的运用。如果缺乏评估后的激励机制，有无评估等级、评估等级无论高低一个样，势必影响改革部门参与评估的积极性，建立奖优罚劣的竞争机制是实现科学管理的必要手段。对那些在评估中获得较高得分的改革地方和部门，要给予它们更多的实惠、更多的政策倾斜。把评估结果纳入改革单位年终总体考核。

全面深化改革第三方评估是一项新事物，有序推进各地工作实践，关键在于有效的组织推进和完善的工作机制。各级党委政府的高度重视是搞好评估的前提条件，需将改革第三方评估列入重要工作日程，稳妥有序推进。根据不同情况，采取相应措施：已开展第三方评估工作的，需进一步完善工作机制，巩固提高；尚未开展的，创造条件尽快起步。进一步明确改革第三方评估的运行机制，即各级改革办，主要负责制定评估政策法规，完善评估标准，监督第三方评估机构，建立优胜劣汰的动态管理机制。具体事务性工作，由第三方评估机构承担。用开放的眼光拓展改革第三方评估类型，探索依申请评估和专项评估，逐步将党委政府主导的各项改革纳入第三方评估之中，明确相关部门的联动机制。各级改革办要与有关部门密切配合，通力协作，共同推进，加强信息共享，形成联动机制。

五、全面深化改革第三方评估机制的着力点

全面深化改革第三方评估机制主要包含三个“着力”：着力规范第三方评估的范围、内容、程序；着力培育和发展第三方评估机构；着力建立第三方评估的体制机制和政策保障。通过三个“着力”达到四个“促”的目的。四个“促”分别是：以评估促改革、促建设、促管理、促发展。“促改革”就是通过改革评估工作推动各级党委政府全面深化改革；“促建设”就是以评估工作带动经济社会各项事业健康发展；“促管理”就是通过评估更新各部门的管理观念，促进管理服务更规范；“促发展”说明评估只是手段，通过评估使市场主体获得更好发展的能力，促进政府在经济社会中更好发挥作用才是目的。通过全面深化改革第三方评估，使改革办委托的第三方评估成为改革监管的“重要抓手”，成为社会监督的“重要平台”，成为各级党委政府加强自身建设的“重要动力”。

第三节　湖北省全面深化改革评估方案的制定

为保障评估工作顺利、有效实施，须事先制定科学完整的评估方案。下面以 2014 年湖北省全面深化改革第三方评估为例，介绍评估方案制定。

评估的目的主要是评估改革方案的科学性、改革推进的协同性、改革实施的成效性及推进中的困难和问题，为科学决策提供重要依据。为了更加科学准确评估各级党委政府全面深化改革工作，也需要有专业、权威、客观的改革评估报告。根据改革分类考评工作的需要，省委政研室（省改革办）会同评估中心分别制定了《湖北省市州全面深化改革群众满意度调查方案》《湖北省省直改革项目牵头单位全面深化改革群众满意度调查方案》和《湖北省全面深化改革评估指标体系及评估方法》，为有效开展全面深化改革第三方评估奠定了坚实基础。

一、评估方案的设计原则

根据中央、省历次全面深化改革领导小组会议精神，评估中心确立了“独立性”“客观公正性”“科学性”三个评估原则。

二、科学确定评估对象

与省委政研室（省改革办）分类考评方案相对接，湖北省全面深化改革第三方评估中心以全省 17 个市州全面深化改革工作和 47 家省直改革项目牵头单位共 270 项年度改革项目为评估对象。

三、明确评估内容

评估内容分为对有关单位推进改革工作的整体评估和实施一年以上的专项改革成效评估。改革工作评估主要是对相关单位改革的总体情况、改革的系统性、整体性、协同性进行评估。专项改革评估主要是对具体的重大改革事项和重要改革试点项目进行评估，包括事前对具体改革方案的科学性评估，事后对改革方案实施的协同性、成效性的评估。事后评估的具体内容包括：有关单位推动专项改革方案落实的工作举措和进展情况；专项改革方案实施后取得的经验成效以及是否达到预期目标的科学判断；专项改革方案实施中存在的主要困难、问题及原因分析；专项改革方案调整或完善的可行性建议。

四、科学选择评估方法

根据评估对象特性，单独选择或综合运用多种恰当的评估方法。其中，对市州和省直改革项目牵头单位改革工作的人民群众满意度调查，主要采用判断抽样法和随机抽样法对改革对象、专家学者、办事群众、普通市民/网民进行全方位、多角度调查；对全省全年全面深化改革的综合评估和经济、政治、社会、文化、生态、党的建设六大领域的分项评估，采取层次分析法将定性评估转化为定量评估，以增加评估的客观性。

湖北改革评估采用“四度测评法”，定性与定量相结合，从四个维度（思想解放程度、工作推进力度、举措落实程度、人民满意度）全面考核评估全年的改革工作，着重突出体制机制是否有创新、改革措施是否真落实、改革是否取得实效、人民群众是否满意等四个方面。

五、科学设计评估指标体系

从定性和定量两个角度，设计出由 3 个一级指标、10 个二级指标和 25

个三级指标组成的指标体系，对各市州及省直改革项目牵头单位的改革方案设计、改革推进力度和改革效果进行调查分析。

评估报告要针对性要强，分析要透彻。尤其是对于问题的提出要有足够的证据，以便于整改。评估报告既要简洁，又要保证提供足够的细节和事实，以便于专业人员、非专业人员能够阅读理解。

六、评估进度安排

第三方评估调研撰写过程总体上可以分为六个阶段，各阶段的时间节点和具体工作任务如下。

（一）前期准备阶段

主要任务如下：成立改革评估课题组；课题组成员就调研课题进行充分讨论；组织开展课题前期研究，查阅改革评估资料，网上搜集整理资料，总结以往评估经验。

（二）评估方案形成阶段

主要任务如下：确立改革评估指标体系；设计调查问卷，明确问卷数量和样本组成；确定调研所需资料，提交所需资料清单；讨论形成改革评估调研工作方案；细化调研具体日程及细则，提出座谈、实地调研时间、任务表。

（三）调研阶段

主要任务如下：发放并回收现场问卷，开通网络问卷链接；收取改革项目简介、改革工作报告、改革台账等材料；组织座谈会，深入访谈。就各改革项目各举办两场座谈会，其中一场的参与人员是各改革项目的省直牵头单位及参与部门代表；另一场的参与人员是各改革项目的主要利益相关者、社会公众和新闻媒体代表。此外，根据座谈会提供的材料及线索，还将对每个改革项目选取两到三个市州进行典型案例深入走访。

（四）初稿形成阶段

主要任务如下：问卷回收整理及数据统计分析；撰写改革评估报告，形成初稿（征求意见稿）。

（五）报告修改阶段

主要任务如下：开展征求修改意见工作，广泛听取领导的意见和建议，组织专家论证；充分吸收各方提出的意见建议，进一步修改完善改革评估报告；提交改革评估报告定稿。

（六）评审验收阶段

主要任务如下：开展验收评审会议，并对研究成果进行发布。

第四节　湖北省2014年首次评估方案的实施

2014年12月23日~2015年2月5日，中共湖北省委政研室（湖北省改革办）协调评估中心对全省2014年全面深化改革进行了第三方评估。一是做好市州改革人民群众满意度的调查。2014年12月23~31日，评估中心组织30名工作人员，共分8个小组，每个小组成员3~4人，负责2~3个地市州的满意度调查。调查组依据判断抽样法，在各市州的基层政府部门、企事业单位和人民群众当中随机选取400名被访者进行问卷调查。全省17个市州总计发放调查问卷6800份，收回有效问卷5999份。调查完成后，经数据整理、录入和分析，测算出了17个市州的改革人民群众满意度得分，并撰写了调查分析报告。二是做好省直改革项目牵头单位人民群众满意度调查。2015年1月20~28日，评估中心组成若干调查小组通过电话调查、专家调查、现场问卷调查和网络调查四种方式，对各省直改革项目牵头单位的人民群众满意度进行了调查，共收回有效问卷4477份，其中电话及短信调查问卷876份、专家调查问卷440份、现场问卷869份、网络问卷2292份。调查完成后，经数据整理、录入和分析，测算出44家改革项目牵头单位的人民群众满意度得分（47家中有3家因特殊原因未进行调查），并撰写了调查分析报告。三是做好全省全面深化改革总体情况评估。为了对湖北省2014年全面深化改革工作作出总体评价，评估中心从改革项目的方案设计、推进力度和实施效果3个维度10个二级指标25个三级指标出发，分别测算出与改革密切相关的各个指标值。其中，三级指标值由评估中心综合现场调研、问卷调查和专家意见，并参考省委政研室（省改革办）提供的改革资料研究得出，二级指标值与一级指标值则分别由三级指标值和二级指标值加权计算得出，而各级评估指标的权重则采用专家评价法和层次分析法计算得出。

专栏1 湖北省2014年省直单位全面深化改革群众满意度调查方案

一、调查目的

为了贯彻落实中央和省委有关全面深化改革要“实现发展成果更多更公平惠及全体人民”“让人民对改革有更多获得感”的要求，深入了解人民群众对我省全面深化改革工作及成效的满意程度，倾听改革进程中的“人民呼声”，更好地推进改革工作，湖北省全面深化改革评估中心受中共湖北省委政研室（省改革办）的委托，对2016年全省各省直改革项目牵头单位的改革进行满意度调查。

二、调查原则

1. 群众路线原则。广泛组织群众代表参加调查，注意参加调查群众的代表性和广泛性。

2. 客观、公正、透明性原则。按照要求严谨细致做好满意度调查工作，引导参与调查的群众全面了解情况，客观、公正、透明地开展满意度调查。

3. 实效性原则。注重调查方式的有效性和可行性，通过调查充分掌握群众对全面深化改革的真实评价和建议。

三、调查内容

通过对湖北省2014年度187个改革项目的满意度抽样调查，了解人民群众对全省47个省直改革项目牵头单位改革的满意程度。

四、调查对象

1. 普通群众。对某一改革项目较为关注的普通群众。

2. 市场主体（或服务对象）。与某一改革项目直接利益相关的企业、法人和其他组织。

3. 党员干部。对某一改革项目较为熟悉的普通党员、基层干部、领导干部、人大代表/政协委员等。

4. 专家学者。对某一改革领域较为熟悉的专家学者。

五、样本分布

1. 样本总体分布。本次省直单位改革群众满意度调查的样本量以注重样本的代表性、有效性和统计适用性为原则，具体构成如下：

（1）普通群众：以网络调查实际统计数量为准；

（2）市场主体（或服务对象）：50 名；

（3）党员干部：50 名；

（4）专家学者：20 名。

总体上，调查样本量以每个改革项目“120 份 +”为基础，即固定样本量 120 份，包括市场主体（或服务对象）、党员干部和专家学者数量，浮动样本量为实际统计的网络调查数量。

2. 样本具体分布。2014 年，湖北省 47 个省直改革项目牵头单位共承担了 187 项全面深化改革项目。统计发现，承担 1 项改革项目的单位有 14 个，承担 2 项改革项目的单位有 5 个，承担了 3 项改革项目的单位有 7 个，承担 4 项改革项目的单位有 4 个，承担 5 项改革项目的单位有 4 个，承担 6 项改革项目的单位有 4 个，承担 8 项改革项目的单位 3 个，承担 9 项改革项目的单位 2 个，承担 7、10、11、12 项改革项目的单位均为 1 个。

考虑到抽样调查的可操作性，结合上述改革项目的分布情况，我们对 187 个改革项目进行抽样调查，其中 1 ~5 个改革项目的单位随机抽取 1 个改革项目进行调查，6 ~10 个改革项目的单位随机抽取 2 个改革项目进行调查，11 个改革项目以上的单位随机抽取 3 个改革项目进行调查。其中，项目抽取的优先顺序依次为中央确定的需要在省一级落实的改革项目、2014 年省全面深化改革领导小组确定的重大改革项目和要点项目。具体抽取项目分布如专表 5 –1 所示。

专表 5 –1　　改革项目抽样情况

抽样区间	省直单位个数	每个单位抽取项目个数	抽取项目总数
1 ~5	34	1	34
6 ~10	11	2	22
11 以上	2	3	6
合计	47		62

按照以上抽样办法，省直单位改革群众满意度调查样本数量将达到120×62=7440份以上（普通群众网络调查以实际数量另行统计）。

六、调查方式

本次调查以问卷法、访问法和实地观察法为主，综合运用网络、电话、邮件等多种工具，充分调动普通群众、党员干部、市场主体（或服务对象）、专家学者的积极性进行调查。

1. 普通群众。以网络随机抽样进行问卷调查（调查问卷见附件2）为主。评估中心在各改革项目牵头单位门户网站、荆楚网、大楚网或其他媒介上发布专项改革满意度调查问卷链接（链接入口1），群众可点击链接进入填写网络调查问卷。权重为8/30。

2. 市场主体（或服务对象）。以判断抽样法筛选调查对象并对其进行网络问卷调查（调查问卷见附件2）为主，辅之以实地观察法。具体方法为：评估中心首先确定需要进行满意度调查的改革项目，然后由各项目牵头单位提供70名与改革项目直接利益相关的市场主体（或服务对象）名单与联系方式，最后由评估中心随机抽取50人，以短信（或微信）发送网络问卷调查链接（链接入口2），并以电话方式告知各市场主体（或服务对象）填写网络调查问卷。调查项目在2个及以上的单位，应注意所提供的70个名单的均衡性，即每个项目均应有一定数量的调查对象分布。对于需要进一步核实后再进行评分的调查内容，评估中心可要求进行实地考察核实。权重为8/30。

3. 党员干部。以判断抽样进行网络问卷调查（调查问卷见附件2）为主。具体方法为：评估中心将针对党员干部的网络调查问卷链接（链接入口3）告知各项目牵头单位，然后由各项目牵头单位负责组织本单位至少50名党员干部2天时间内填写网络调查问卷。权重为8/30。

4. 专家学者。针对每个项目牵头单位以判断抽样法挑选10名专家学者进行网络问卷调查（调查问卷见附件2）。具体方法为：由每个项目牵头单位提供20名对本单位改革较为熟悉的专家学者名单及联系方式，再由评估中心随机抽取10人，以短信（或微信）发送网络问卷调查链接（链接入口4），并以电话方式告知各位专家学者填写网络调查问卷。权重为6/30。

七、满意度计算方法

1. 每一类调查对象的总体满意度均为百分制。

2. 计算公式。

某省直单位群众总体满意度＝普通群众满意度×（8/30）＋市场主体（或服务对象）满意度×（8/30）＋党员干部满意度×（8/30）＋专家学者满意度×（6/30）。

3. 某省直单位折算后总体满意度分数＝某省直单位群众总体满意度×30%。

八、调查时间安排和工作流程

群众满意度调查时间为2014年11月1日～2015年1月20日，具体工作安排如下。

1. 前期准备工作阶段（11月20～30日）：设计调查方案，确定调查方法和问卷设计，设计网络问卷，明确各牵头单位的调查问卷数量和样本组成。

2. 调查人员培训阶段（12月1～5日）：对参加群众满意度调查的人员进行培训，讲解工作安排、操作方法和注意事项。

3. 问卷试调查与完善阶段（12月5～10日）：按照抽样方案，派遣调查员前往调查地点进行试调查，依据试调查的结果修改问卷内容和调查方式。综合考虑国内问卷调查惯例和具体实际，将进行2～3次试调查。

4. 群众满意度调查实施阶段（12月10日～1月10日）：根据职责分工，组织实施调查。其中，省直单位群众满意度网络调查时间为12月10日～1月10日；市场主体（或服务对象）满意度网络调查时间为1月3～5日；党员干部满意度网络调查时间为1月5～7日；专家学者满意度网络调查时间为1月7～9日；调研座谈时间为1月5～10日左右。

5. 调查结果初步分析阶段（1月10～13日）：对收回的调查数据进行处理，并计算得出各牵头单位的分数。

6. 调查分析报告撰写阶段（1月13～20日）：对调查结果进行分析，并提出政策建议。

九、调查组织与实施

1. 2014 年全省全面深化改革省直群众满意度调查由湖北省全面深化改革评估中心（湖北省社科院）组织实施。

2. 调查人员安排。为保证调查的质量与速度，本次调查以评估中心 8 名专职调研人员为核心，从省社科院其他所（处）、在校研究生中调集调查人员 40 名，组成 17 个调查组，每个调查组 2 ~ 3 人负责对各省直单位进行调查，并确保每个调查组都有一名督导巡视，严格调查纪律。

3. 请求省改革办及省直改革项目牵头单位提供协助的事项：

（1）请省直改革项目牵头单位准备每个改革项目的简介，主要包括项目名称、参与单位、项目内容、项目进度安排、项目成效、项目创新性和项目影响力等。要求每个改革项目简介直奔主题、简明扼要、通俗易懂，字数控制在 1200 字以内。

（2）请湖北日报传媒集团荆楚网、大楚网及各改革项目牵头单位在主页或门户网站显示网络问卷调查链接（网络问卷及网站由改革评估中心设计，调查数据由改革评估中心直接提取）。

（3）请各改革项目牵头单位提供 70 个市场主体（或服务对象）和 20 个专家学者的名单和联系方式（手机号或微信）。

（4）请各改革项目牵头单位将党员干部的满意度调查问卷网络链接通知到本部门至少 50 名党员干部，并提醒在规定时间内完成问卷调查。

（5）请各改革项目牵头单位 1 名领导及 1 名相关领域专家参加评估中心组织的改革评估座谈会。

1 月 5 日上午：政治领域改革评估座谈会；

1 月 5 日下午：经济领域改革评估座谈会；

1 月 6 日上午：社会领域改革评估座谈会；

1 月 6 日下午：文化领域改革评估座谈会；

1 月 7 日上午：生态领域改革评估座谈会；

1 月 7 日下午：党的建设领域改革评估座谈会。

上述事项的准备工作请各改革项目牵头单位在 12 月 10 日前完成，改革评估座谈会的具体时间、地点以及参会单位另行通知。

十、调查工作纪律

1. 调查期间调查组工作人员不得接受牵头单位等的任何吃、请及财物。调查间断期间的网络问卷数据由调查组组长统一妥善保管。

2. 调查期间调查组工作人员要衣着整洁、用语文明、态度亲切。要向群众积极宣传群众满意度调查的重要意义，争取群众的支持和参与。

3. 在调查中如发现弄虚作假行为，要注意采集、保全证据，由调查组记录并由2 名工作人员共同签字，交由省委政研室（省改革办）进行处理。

十一、注意事项

1. 确保调查结果的客观真实，调查期间严格按照样本抽取要求选择网络问卷调查链接，注重问卷调查的广泛性和代表性。因特殊原因某类样本量不足时，可相应增加其他类别的样本量，具体调整办法由调查组确定。

2. 引导受访者正确填写调查问卷。

3. 对于回收的问卷数据应认真检查，注意问卷填写质量，引导受访者尽可能完整填写，并注意清点问卷的回收数量，避免回收遗漏，提高问卷的有效性。

专栏2　改革项目介绍

项目名称：

牵头单位：

参与单位：

一、项目内容

二、项目进度安排

三、项目成效

四、项目创新性

五、项目影响力

专栏3 湖北省2014年省直全面深化改革第三方评估调查问卷

（请在您认为对的方框内打√或填写关键词）

1. 您认为本部门改革的方案设计是否科学？

□非常科学 □比较科学 □不太科学 □不科学

2. 您认为本部门改革的创新性如何？

□创新性很强 □有一定创新性 □创新性较弱 □无创新性

3. 您认为本部门改革是否坚持了问题导向？

□坚持很好 □坚持较好 □基本坚持 □没有坚持

4. 您认为本部门改革方案的可操作性如何？

□可操作性强 □有可操作性 □可操作性不强 □没有可操作性

5. 您认为本部门改革的公众参与程度如何？

□高 □较高 □低 □没有参与

6. 您认为本部门改革的宣传力度如何？

□非常到位 □基本到位 □比较薄弱 □严重不足

7. 您认为本部门推进本部门改革的组织体系是否健全？

□非常健全 □比较健全 □不健全 □非常不健全

8. 您认为推进本部门改革的沟通协调渠道是否畅通？

□非常畅通 □比较畅通 □不太畅通 □不畅通

9. 您认为本部门改革的推进机制是否健全？

□非常健全 □比较健全 □比较不健全 □非常不健全

10. 您认为本部门改革举措是否落地？

□全部落地 □大部分落地 □少部分落地 □无法落地

11. 与预期效果相比，您认为本部门改革的实际效果怎样？

□超出预期 □达到预期 □接近预期 □明显低于预期

12. 与其他省市相关领域的改革相比，您认为本部门改革怎样？

□处于领先水平 □接近先进水平 □达到平均水平 □落后

13. 与去年相比，您认为今年本部门相关领域的改革有进步吗？

□进步很大 □略有进步 □原地踏步 □退步

14. 您认为本部门改革的目标实现程度如何？

□90%以上　□80%～90%　□60%～80%　□60%以下

15. 您认为本部门改革对您（或其他群众）有帮助吗？

□非常有帮助　□有帮助　□帮助不大　□没帮助

16. 您对本部门2014年改革的项目设置是否满意？

□非常满意　□比较满意　□不满意　□非常不满意

17. 您对本部门2014年改革的实施情况是否满意？

□非常满意　□比较满意　□不满意　□非常不满意

18. 您对本部门2014年改革的力度是否满意？

□非常满意　□比较满意　□不满意　□非常不满意

19. 您对本部门2014年改革的深度是否满意？

□非常满意　□比较满意　□不满意　□非常不满意

20. 您对本部门2014年改革的效果是否满意？

□非常满意　□比较满意　□不满意　□非常不满意

21. 您对下一年的改革有什么建议？（请写出关键词）

在完成上述调查工作的基础上，湖北省全面深化改革评估中心撰写了20余万字的《湖北省2014年全面深化改革第三方评估报告》。评估报告以“1+6”的形式布局，“1”是对湖北省2014年全面深化改革工作作出总体评估，“6”则是对改革涉及的经济、政治、文化、社会、生态和党的建设6大领域作出的分项评估。无论是总报告还是分项报告，都给出明确的评估结论，并注意发掘改革的亮点、发现改革中存在的问题，最后对如何进一步深化改革提出具体的政策建议。最后，评估报告还附有翔实的附件，对评估的数据和方法作出详细的阐述，使评估报告做到有理有据。

湖北省2014年全面深化改革第三方评估工作结束后，如何运用好评估成果、发挥其应有价值就提上日程。首先，对以《湖北省2014年全面深化改革第三方评估报告》为主体的评估成果进行定向通报，通报范围主要包括省全面深化改革领导小组及22个专项领导小组、各市州、省直各改革项目牵头单位等；其次，通过借助媒体或其他媒介向社会发布评估报告，以达到更广泛地宣传改革、动员群众参与改革的目标；最后，作为参考资料供有关地区和部门在改进改革工作中参考使用，同时，也为更好地做好

2015 年改革第三方评估工作提供有益借鉴。

专栏4　县（市、区）全面深化改革年度考评目标体系表

专表 5－2　　县（市、区）全面深化改革年度考评目标体系

考核项目	考核内容	考核指标体系与评分标准	考核分值	考核方法
改革工作组织与推进60 分	贯彻落实《湖北省全面深化改革促进条例》10 分	1. 推进改革的组织机构 3 分。其中：成立县（市、区）全面深化改革领导小组计 1 分、改革专项领导小组计 1 分、县（市、区）改革办计 1 分。缺 1 项扣 1 分	3 分	年终考核，考评组查看文件
		2. 县（市、区）政府设立预算了改革项目促进资金计分 2 分，没有预算不计分	2 分	年终考核，考核组查看财政预算科目
		3. 改革创新工作纳入了乡镇和县直单位年度目标责任制考评体系计 5 分，没有纳入不计分	5 分	年终考核，考评组查看年度考核文件
	改革业务工作 50 分	4. 改革工作部署 10 分。其中：印发了《全面深化改革＊＊年工作要点》和改革项目计划计 4 分，缺要点扣 2 分，缺项目计划扣 2 分；全面深化改革领导小组会议研究改革工作 2 次以上计 6 分，每缺 1 次扣 3 分	10 分	年终考核，考核组查阅文件和会议纪要
		5. 县（市、区）改革办建立改革台账 10 分。其中：台账与改革项目相符计 10 分，台账与项目有 1 个不相符扣 1 分，台账上缺 1 个项目扣 1 分。不倒扣分	10 分	年终考核，考核组查看改革台账
		6. 落实改革工作部署 10 分。其中：各改革专项领导小组会议研究落实改革事项 5 分，随机抽查 5 个专项，每发现 1 个改革专项小组全年没有一次研究工作的会议扣 1 分；改革方案由县（市、区）法制办或单位聘请的法律顾问进行合法性审查计 5 分。随机抽查 5 个方案，每发现 1 个没有审查扣 1 分	10 分	年终考核，查看专项改革领导小组会议记录和合法性审查单位盖章的审查意见
		7. 改革工作宣传 10 分。其中：县（市、区）改革工作简报全年印发 10 期以上计 2 分，缺 1 期扣 0.2 分；县（市、区）门户网站有改革专题栏目计 2 分，没有不计分；全年市（州）改革办工作简报刊发本地改革工作信息 5 篇以上计 2 分，缺 1 篇扣 0.4 分；市委机关报全年刊发本地改革工作新闻稿 5 件以上计 2 分，缺 1 件扣 0.4 分；《湖北日报》全年刊发本地改革工作新闻稿 1 件以上计 2 分，未完成扣 2 分	10 分	年终考核，考核组查阅网站和相关原件

续表

考核项目	考核内容	考核指标体系与评分标准	考核分值	考核方法
改革工作组织与推进60分	改革业务工作50分	8. 改革项目结项5分。其中：建立改革项目结项报告书制度计2分，没有建立的不计分；承接性改革项目当年应完成改革任务并结项计3分，每缺1项扣0.2分，可倒扣分，因特殊情况上级组织同意延期的不扣分	5分	年终考核，考核组查阅结项报告书原件
		9. 改革工作情况联系沟通5分	5分	日常考核，年终由市（州）改革办评分
改革带来的成效40分	促进经济发展10分	10. 经济指标比上年增幅10分。其中：县（市、区）招商引资到位资金增额2分、增幅2分；市场主体注册资本增额2分、增幅2分；规模以上企业户数增加2分。计分办法：上述五项指标分别计算，增幅最高的县市为满分，其余县（市、区）得分=本县（市、区）增幅÷最高县增幅×单项权重分值（2分）	10分	年终考核。县市年度数据分别由市（州）财政局、商务局、工商局向市（州）改革办提供数据
	促进党风政风建设10分	11. 党风政风状况测评10分。党员领导干部会议按好（10分）、较好（8分）、一般（6分）、较差（2分）进行测评，测评对象30人以上，计算平均分	10分	年终考核，考核组组织测评工作
	促进发展环境优化10分	12. 经济社会发展环境10分。市场主体业主会议按好（10分）、较好（8分）、一般（6分）、较差（2分）进行测评，测评对象30人以上，计算平均分	10分	
	促进民生改善10分	13. 群众改革得实惠10分。农民、居民问卷调查按好（10分）、较好（8分）、一般（6分）、较差（2分）进行测评，测评对象30人以上，计算平均分	10分	
加分项目20分		1. 县（市、区）改革工作经验获市（州）委、政府主要领导肯定性批示加1分，获得省部级领导批示加2分，获得省委、省政府主要领导批示加3分，中央领导批示加4分	20分	年终考核，考核组查看原件。各项加分累计不超过20分
		2. 改革工作经验在全市（州）、全省、全国性会议上交流的每次分别加2分、4分、6分		
		3. 改革经验信息被市（州）、省、中央《改革简报》采用的每篇加2分、4分		
		4. 被确定的市（州）、省、全国优秀改革案例或项目每个分别加2分、4分、6分		

专表 5－3　　市（州）直单位改革工作年度考评目标体系

考核项目	考核内容指标体系与评分标准	考核分值	考核方法
（一）改革专项领导小组牵头工作100分	1. 改革专项工作组织机构15分。落实市（州）改革领导小组文件要求，成立了本改革专项领导小组办公室计5分，未成立不计分；本改革专项领导小组办公室明确了办公室主任计5分，未明确不计分；本改革专项领导小组办公室明确了联络员计5分，未明确不计分	15分	年终考核，考核组查看相关文件
	2. 本改革专项领导小组会议10分。全年召开研究落实改革事项的会议2次以上计10分，缺一次扣5分	10分	年终考核，考核组查看会议记录
	3. 建立专项改革项目台账10分。落实《全面深化改革领导小组＊＊年工作要点》，建立了本专项改革项目电子台账、且项目台账上“改革工作进程”栏信息完整计10分，出现1个没有信息的台账扣5分，没有建立改革项目台账的不计分	10分	年终考核，考核组查看改革项目电子台账
	4. 对本专项改革项目实施情况开展督办检查10分。全年至少开展2次督查活动，并将督查情况形成书面报告上报市（州）改革办，缺一次扣5分	10分	年终考核，考核组查看相关文档
	5. 本专项改革项目结项20分。其中：按计划改革项目当年应完成改革任务结项率达100%计10分，每差一个百分点扣1分，承接性项目因上级政策原因不能按时结项的项目不扣分；按计划应结项的改革项目按《市（州）改革项目结项报告书》要求填写并上报市（州）改革办，且上报率达100%计10分，每差一个百分点扣1分。不倒扣分	20分	年终考核，市（州）改革办评分
	6. 改革工作规范运行15分。其中：本专项所有改革项目有法定效用的改革方案文件计5分，没有法定效用的改革方案项目扣2分，不倒扣分；本专项改革工作半年有工作小结、年度有工作总结计5分，缺一项扣3分；本专项改革工作档案完整规范计5分，没有整理当年档案不计分	15分	年终考核，考核组现场查阅
	7. 改革工作信息沟通20分。其中：台账信息每季度向市（州）改革办上报一次计5分，缺一次扣1分；本改革专项领导小组形成的改革计划、方案和相关文件，通过之日起三十日内向市（州）改革办报备完整计5分，改革方案没有报备的不计分；本专项全年向市（州）改革办报送工作动态文章5篇以上计5分，缺一篇扣1分；其他工作沟通及时计5分	20分	日常考核，市（州）改革办评分

续表

考核项目	考核内容指标体系与评分标准	考核分值	考核方法
（二）改革项目实施牵头工作100分	1. 重视改革工作10分。单位领导班子分工中明确了分管改革工作的领导计5分，没有明确不计分；明确了改革工作联络员计5分，没有明确不计分	10分	年终考核，考核组查看相关文件
	2. 按照法定决策程序制定改革项目实施方案50分。①公众参与10分，所有改革方案草案要多方面征求意见，没有征求意见的不计分。②专家论证10分，改革方案决策前召开相关专家座谈会讨论，没有专家讨论的不计分。③风险评估10分，涉及面广的改革方案决策前要进行风险分析（改革专项领导小组认定），认定应进行风险评估的项目没有进行不计分。④合法性审查10分。所有改革方案决策前交由单位聘请的法律顾问进行合法性审查，并出具法律顾问单位盖章的审查意见，没有进行合法性审查不计分。⑤集体决策10分。改革方案要提交改革专项领导小组会议审议。重大改革方案决策应提交市（州）全面深化改革领导小组会议审议	50分	年终考核，考核组查看相关记录和文档
	3. 改革项目实施效果10分。由改革项目实施牵头单位组织干部群众对本项目改革产生的效果进行问卷调查，按好（5分）、较好（4分）、一般（3分）、较差（0分）进行测评，测评对象30人以上。改革效果测评分＝全部参评对象平均分×2	10分	日常考核，由改革牵头单位完成，年终考核组查看文档
	4. 改革项目结项20分。按计划改革项目当年应完成改革任务结项率达100%计10分，每差一个百分点扣1分，承接性项目因上级政策原因不能按时结项的项目不扣分；按计划应结项的改革项目按《市（州）改革项目结项报告书》要求填写并上报本专项改革领导小组办公室、且上报率达100%计10分，每差一个百分点扣1分。不倒扣分	20分	年终考核，本改革专项领导小组办公室评分，年终考核组查看应用
	5. 改革工作信息沟通10分。其中：改革项目台账信息每季度向所属专项改革办上报一次计2分，缺一次扣0.5分；改革项目的计划、方案和相关文件，通过之日起三十日内向所属专项改革办报备完整计2分，改革方案没有报备的不计分；改革项目半年小结、全年总结向所属专项改革办及时报送的计2分，缺一篇扣1分；其他工作沟通及时计4分	10分	日常考核，年终由改革专项领导小组办公室评分
（三）单位参与改革项目实施与单位自主改革创新100分	1. 本单位党建、文明创建、业务工作、机关管理等方面改革创新30分。有改革创新事项，并形成书面报告（包括背景、做法、效果和社会影响）的，每个计10分，最多不超过3个。没有形成书面报告的不计分	30分	年终考核，考核组查阅报告，并带回交市（州）改革办

续表

考核项目	考核内容指标体系与评分标准	考核分值	考核方法
（三）单位参与改革项目实施与单位自主改革创新100分	2. 参与实施市（州）全面深化改革领导小组部署的改革项目30分，由项目牵头单位给参与单位分别评分，参与多个项目的按平均分计算	30分	年终由项目牵头单位评分报州改革办
	3. 本单位干部职工发表学习研究和宣传改革工作及改革项目文章20分。其中：市（州）级媒体每篇计1分；全省性媒体（湖北日报、荆楚网、省厅级单位的报刊和网站等）每篇2分；中央和全国性媒体（人民日报、人民网、新华网、中央部级单位的报刊和网站等）每篇3分。同一文章多次发表按最高级别计分1次	20分	年终考核，考核组查看发表的原件进行评分。各类媒体发表文章累计分不超过20分
	4. 单位干部职工和服务对象，对本单位参与改革项目实施与单位自主改革创新认可度测评20分。按好（5分）、较好（4分）、一般（3分）、较差（0分）进行测评。改革效果测评分 = 全部参评对象平均分 ×4	20分	年终考核，考核组组织测评工作
加分项目20分	1. 考核年度改革项目牵头实施单位，每牵头一个项目加1分	20分	年终考核，考核组查看原件进行评分。各项加分累计不超过20分
	2. 考核年度改革工作经验获市（州）委、政府主要领导肯定性批示加1分，获得省部级领导批示加2分，获得省委、省政府主要领导批示加3分，中央领导批示加4分		
	3. 考核年度改革工作经验在全市（州）、全省、全国性会议上发言交流的分别加2分、4分、6分		
	4. 改革经验信息被市（州）、省、中央《改革简报》采用的每篇加1分、2分、4分		
	5. 考核年度被确定的市（州）、省、全国优秀改革案例或改革项目，每个分别加2分、4分、6分		

第五节　全面深化改革评估存在的问题

全面深化改革第三方评估在我国开展的时间还比较短，评估经验有限，在评估形式、评估程序及评估方法等方面还有待改进，但不可否认，制度因素已成为阻碍评估深入、有效开展的主要瓶颈。

一、“第三方评估”法律角色不明确

第三方评估工作的有序开展及评估机构和评估行业的发展有赖于法律提供强有力的支持，第三方评估机构首先需要具备明确的法律角色。从全国各地陆续展开的深化改革第三方评估的实践来看，大多还处于自发、半自发状态，缺乏明确的法律角色和相配套的法律法规。改革工作的督察需要第三方的参与，但参与必须建立在制度基础上，需要通过制度来明确评估主体的法律角色，以及评估过程中评估主体和评估对象之间的权利义务关系，这对评估工作的顺利开展非常重要。到目前为止，我国出台的与第三方评估相关的法律法规主要有：1989 年，国务院颁布并于 1998 年修订的《社会团体登记管理条例》，该条例确立了社会团体的登记程序以及政府的管理，提到了独立的第三方评估组织；《国有资产评估管理办法》《中华人民共和国注册会计师法》《民办非企业组织管理条例》等法规对有关社会中介组织进行了规定。但以上法规都没有对第三方评估机构的性质、地位、功能等作出清晰的界定，也没有对第三方评估活动中各方的权利义务等作出明确的规定，使得第三方评估的合法性和有效性模糊不清，一定程度上影响了第三方评估结果的有效运用。

二、评估机构管理制度不健全

第三方评估制度起源于西方国家，属于“舶来品”，最近才在我国不断发展起来，无论是评估机构自身的发展，还是评估行业的管理，都还处于初级阶段。一方面，第三方评估机构的准入和资质管理不规范。我国现有评估机构一部分是具有政府背景的高校、学术机构的内设机构，行政关系隶属于行政事业单位，并不完全独立，难以做到管评分离；还有一部分社会组织，尽管也从事评估工作，但评估工作仅仅是组织业务的一部分，并不专业，没有相对稳定的专业评估队伍。加之我国尚没有法律法规来规范评估机构的从业资质，也没有明确评估机构的从业范围，第三方评估机构的服务内容、服务期限、权利义务、违约责任、评估验收、合同兑现等具体内容也没有可依照的法规，因此对评估机构规范化管理无从谈起。另一方面，评估委托制度尚未形成。“委托代理”是法律中的一项重要制度，主要用于民事领域，形成的是民事委托关系；现在要解决改革委托评估问题，涉及国家及其主管部门的公权力，属于行政领域，形成的是行政委托关系，委托主体是国家行政机关，委托内容是履行行政职能，实施行政管理。因此，我们可以认为改革评估中的委托制度是指政府及改革主管部门按照一定的程序和方式将其评估权的执行委托给具有资质的中立性专业评估机构，由后者对地方改革进行独立评估，并负责提出评估结论及建议。在这一制度下，专业评估机构开展独立、公正、客观的第三方评估，做到改革评估过程规范、方法科学、结论公正，为改革主管部门提供合理化、建设性的意见和建议。目前，尽管委托制度能够得到有关政策和法律的初步支撑，但评估过程中存在大量利益冲突，包括政府和评估机构评估主导权的冲突，在一些涉及政府部门利益的关键性问题上，评估机构很难做到不受政府部门意见的影响。可见，我国第三方评估委托制度还没真正完全建立起来，评估机构权限经常会受到限制，影响评估的权威性、公正性和客观性。

三、改革评估信息管理制度不规范

对地方改革的方案设计、推进情况及成效进行公正、客观的第三方评估，需要获取大量与之相关的信息，信息的来源应是多角度，多渠道的。但目前改革信息的收集与整理因缺乏制度化管理没能实现优化。首先，信息收集过程的监管存在漏洞。由于政府信息公开内容不全面，有的地方和部门不能妥善处理信息公开与保守秘密的关系，政府信息共享机制不够健全等原因，目前改革评估信息收集仍然比较依赖委托方（改革主管部门），特别是评估机构对党政干部这一群体的信息收集几乎完全依靠改革主管部门来组织实施，加之评估对象又都是利益相关方，信息收集过程不排除存在人为操纵的可能，难以保证所获信息的客观性。其次，信息收集与整理的流程不规范。在改革评估实践中，由于缺乏明确的操作流程和相关规章制度，评估机构很多时候只能按照自己的理解对信息进行收集与整理。随意性比较大，信息整理和统计的过程也缺少督导和监管。再次，信息获取方式单一。目前，大部分改革评估信息主要通过实地问卷调查、网络问卷调查及访谈等方式获取，以传统的调研方法为主，没有充分利用网络大数据的优势获取更多的信息。评估机构从改革主管部门获取信息主要依靠年底各改革牵头单位和各地方政府的考评报告，作为一种创新的管理方法，目前评估还没有融入政府部门的日常管理工作当中，评估仍然是“运动式”的，这无疑会影响评估工作的整体效果。

四、评估保障制度不完善

改革评估工作的开展必须有相应的制度来保障，特别是评估调研获取信息的过程，更需要相应的规章制度来明确各方的权责。假定其他影响因素不变，第三方评估结果的真实性与公正性直接取决于评估对象及相关各方所提供信息的全面性与客观性。评估调研的过程离不开评估对象改革相关部门的配合和协调，但囿于利益纠结，改革评估过程中要求评估对象做到知无不言、言无不尽并不容易，甚至评估过程还可能会遇到阻力，受到利益相关方的干扰。改革评估是一项周期长、涉及面广、调研工作量大，需要耗费大量人力、物力的工作，有些工作如评估方案设计、评估数据的处理及部分信息收集等，评估机构可以独立完成。但还有一些工作，如向相关政府部门调研收集信息，完全靠评估机构自身独立完成难度很大，在评估过程中，一些部门和地方政府很可能以“保密、没有义务提供这方面资料”为由拒绝配合，最终的评估很有可能不全面、不客观。实际情况中，如果有改革主管部门从中协调，一般地方政府都会积极配合。可见，评估主体与评估对象——多个政府部门之间的关系，也需要制度来维护。此外，评估机构保护所获信息的安全也不容忽视，在缺乏评估信息保障制度的情况下一些重要的保密信息很容易泄露。

五、评估结果运用制度不合理

对全面深化改革评估的结果（通常以评估报告的形式出现），目前，大多数地方的做法都是递送给相关政府部门，有的地方停留在作为内部资料保存，有的地方由相关政府部门选择性对外发布，由第三方评估主体独立、直接对外发布的情况很少。这不利于第三方评估权威的树立，评估没有对改革相关部门形成一定的震慑，监督作用体现得不明显。同时。也影响了改革与社会公众之间形成良性互动。实际上，人民群众对改革的关注度非常高，特别是涉及切身利益的民生类改革，人民群众迫切希望能通过更多渠道了解改革，参与改革。改革的推动离不开人民群众的支持，要赢得广大人民群众的信赖和认可，需及时与群众沟通改革信息，由第三方公开发布评估报告，是比较有效的沟通方式。

第六节 全面深化改革第三方评估制度构建的主要设想

全面深化改革的大背景下，第三方评估的重要性不言而喻。但缺乏刚性、统一的制度作为基础，势必会导致评估的标准不统一，甚至会使改革政策的实施效果大打折扣。因而，制度是建构全面深化改革第三方评估的基础。

一、明确第三方评估法律地位

改革评估过程中，人民群众、企事业单位等都是利益相关者，他们的意见代表了各自的阶层和群体，第三方评估机构可以将这些不同阶层和群体的利益、观点进行整合，使得评估结果更好地反映不同相关利益群体的需求，有利于在利益诉求多元化的环境中让各方了解、监督和参与改革，提高外部的参与度。因此，要从法律上明确第三方评估的重要作用和地位，树立第三方评估的权威。一方面，最根本和最重要的是赋予第三方评估主体评估权。应从法律上保证第三方评估机构的权力，保证其能够独立开展评估工作，不受任何行政机构、公共组织和个人的干扰。评估权的来源是否合法、行使是否得当、责任是否落实。决定了第三方评估过程和结果的客观公正。评估权的基础是监督权，应当说，包括第三方评估主体在内的任何个人和组织对政府改革工作都具有监督权。另一方面，应从法律上确保第三方评估的不可或缺性，使评估成为考评改革工作的基本环节和必要组成部分，形成评估制度化的长效机制。这会使第三方评估更加有效地督促改革，相关部门也会更加重视第三方评估，不断改进，提高改革工作的质量和效率。此外，还需要设计第三方参与的形式和入口。湖北省的做法值得借鉴和参考，湖北省规定在改革主管部门对各地方和部门进行年度考核的总分中，第三方评估要占一定分值比例，这使得各地各部门都积极配合、认真对待评估，评估工作进展顺利，效果较好。

二、完善政府信息公开与配合制度

对于改革评估工作而言，信息的公开和透明是先决条件，否则评估机构无法了解改革工作的开展情况、取得的成效及存在的问题，从而无法判断和评价改革相关部门的工作，会使评估陷入盲区。因此，要建立公共部门信息公开（保密信息除外）的保障机制，以法律制度的形式强制政府公开有关信息，破除评估中信息不对称的障碍。一是推行决策公开。实行重大决策预公开制度，特别涉及群众切身利益、需要社会广泛知晓的重要改革方案、重大改革举措、重点项目，除依法应当保密的以外，在决策前都应向社会公布决策草案、决策依据，通过听证座谈、调查研究、咨询协商、媒体沟通等方式广泛听取群众、专家意见，以适当方式公布意见收集和采纳情况。二是推进执行公开。政府应主动公开重点改革任务、重要政策、重大工程项目的执行情况及工作进展，听取群众意见建议，接受社会监督，加强和改进工作。对改革相关部门的督查和审计发现的问题及整改落实情况也要向社会公开，增强抓落实的执行力。三是构建政府部门协作配合机制。对改革进行评估是要更进一步推动改革政策落地，使改革效果更显著，人民群众得到更多实惠。从这个意义上讲，评估的目的和改革工作的目的是一致的。相关政府部门有义务有责任配合第三方评估工作的开展，关键是要出台规章制度来明确有关部门配合评估调研的义务和责任，以便高效率、高质量地完成评估工作。

三、建立第三方评估机构与行业管理制度

第三方机构参与改革评估已成为必然趋势。政府也在鼓励和引导第三方机构参与改革及其他政府绩效管理的评估，因此有必要依靠法律和制度来规范第三方评估工作。首先，要加强第三方评估机构的资质管理。改革是一项复杂的系统工程，对改革进行评估也是一项复杂的、有专业化要求的工作，为确保评估的准确性，需要优化评估主体。资质管理是主管部门对评估行业实施管理的重要手段。应尽快设置第三方评估机构的准入门槛及相关标准，开展评估机构的申报审批和动态考核，鼓励和引导建构适度规模、高水平、专业化的评估机构，吸收具有实践经验和熟练评估技术的专业人员加盟评估组织，加强对评估机构的建设，以确保评估机构具有公

正、正确地进行评估的水平和能力，提高评估质量。其次，要规范评估工作的流程。评估程序是决定评估结果是否客观、准确的重要因素。出台第三方评估工作的制度与规范，对改革评估的范围、内容、形式、方法、步骤以及评估过程中的注意事项等相关问题一一作出详细规定可能难度较大，但可以设置评估应遵循的几个关键性的基本程序，并以规范的程序来加以执行，使评估工作的开展有法可依，有章可循，增强评估工作的可信度和透明度。最后，要建立健全第三方评估委托制度。改革评估作为技术性事务是完全可以由政府委托给第三方来开展的，委托人为政府改革主管部门，受托人为通过一定法律程序取得评估权的评估机构，双方的权利和义务以法律形式详细规定。在评估委托制度下。政府改革主管部门将评估权委托给专业评估机构负责。由其开展评估并提交评估报告，符合社会对改革评估科学化、公正化的期待，能够真正地促进改革的深化。

四、完善第三方评估结果运用制度

改革是持续动态的过程，对改革进行评估，是要通过评估使改革得到推进，取得预期效果，要达到这个目的，评估结果的运用十分重要。首先，要制定科学的奖惩制度，将评估结果和奖惩挂钩，激励先进，鞭策落后。对在评估中取得优异成绩的地方政府和部门予以表彰，对连续评估优异的甚至可以考虑在其取得突出成绩的领域给予部分改革政策的倾斜。对改革评估落后地区和单位要给予通报批评，连续评估落后的可以采取适当的处罚措施。当然，运用评估结果也要避免“一票否决”和“末位淘汰”的激进做法。其次，要建立第三方评估结果的反馈机制。评估工作一结束，评估结果确认无误就应通过新闻发布会或其他形式及时向社会及相关部门公布，一来让更多群众了解地方改革及其进展，从而支持改革政策的落实，形成改革与群众的良好互动；二来促进改革相关部门改进工作，提升绩效。在评估结果公布并对评估对象进行分等排序，进行相应奖惩后评估工作并没有结束，奖惩并不是目的，重要的是要针对评估结果，找到问题、分析问题并加以改进和完善，形成“评估—反馈—改进—再评估—再反馈—再改进”的良性循环。再其次，要建立评估申诉制度。在第三方机构进行评估的过程中可能出现评估不够准确、失误的情况，导致评估结果不够客观公正，若有关部门认为评估结果不符合实际情况，可以依据相关申诉程序向评估主体或改革主管部门提出评估申诉，评估主体或改革主管部门必须对评估申诉做出处理，给申诉人（部门）明确回复，确保评估问责的客观、公正。

第六章　全面深化改革第三方评估报告的撰写形成

——以湖北省为例

第一节　全面深化改革第三方评估报告的构成要素、原则及特点

评估报告，一般是指评估师根据相关的评估准则的要求，在履行必要评估程序后，对评估对象在评估基准日特定目的下的价值发表的、由其所在评估机构出具的书面专业意见。除了通常的土地、房地产、矿业、资产、保险的评估报告，还有许多不同类型的评估报告，如项目评估报告、质量监督评估报告、投资环境评估报告、供应商评估报告等。

一、评估报告的构成要素及撰写原则

（一）评估报告的构成要素

评估报告应当包括标题及文号、声明、摘要、正文、附件这五大要素。

1. 标题及文号。评估报告的标题及文号是不可缺少的内容。

2. 声明。评估报告的声明应当包括以下内容：一是注册资产评估师恪守独立、客观和公正的原则，遵循有关法律、法规和资产评估准则的规定，并承担相应的责任；二是提醒评估报告使用者关注评估报告特别事项说明和使用限制；三是其他需要声明的内容。

3. 摘要。评估报告摘要应当提供评估业务的主要信息及评估结论。

4. 正文。评估报告正文应当包括以下内容：一是委托方、产权持有者和委托方以外的其他评估报告使用者；二是评估目的；三是评估对象和评估范围；四是价值类型及其定义；五是评估基准日；六是评估依据；七是评估方法；八是评估程序实施过程和情况；九是评估假设；十是评估结论；十一是特别事项说明；十二是评估报告使用限制说明；十三是评估报告日；十四是注册资产评估师签字盖章、评估机构盖章和法定代表人或者合伙人签字。

5. 附件。评估报告的附件是指与正文有关的数据、图片、表格等内容。

（二）评估报告的撰写原则

1. 客观原则。评估是在项目主办单位可行性研究的基础上进行的再研究，其结论的得出完全建立在对大量的材料进行科学研究和分析的基础之上。

2. 科学原则。首先要有一个科学的态度。评估是一项重要的决定性工作，它的任何失误都可能给企业、给国家带来不可估量的损失，因此评估人员必须持有对国家、对企业高度负责的、严肃的、认真的、务实的精神，以战略家的眼光，将评估对象置于整个国际国内大市场进行纵向分析和横向比较，发挥应有的作用。同时要使用科学的方法，在评估工作中，注意全面调查与重点核查相结合，定量分析与定性分析相结合，经验总结与科学预测相结合，以保证相关数据的客观性、使用方法的科学性和评估结论的正确性。

二、评估报告特征及要求

（一）评估报告的特征

1. 公正性。公正性是指评估报告对于评估对象具有独立性，它服务于业务的需要，而不是服务于业务当事人的任何单独一方的需要。

2. 现实性。现实性是指以评估基准日为时间参照，按这一时点的实际状况对评估对象进行的评定估算。

3. 咨询性。咨询性是指评估结论是为评估对象的业务提供专业化估价意见，这个意见本身并无强制执行的效力，评估者只对结论本身合乎职业规范要求负责，而不对评估业务定价决策负责。

4. 市场性。市场性是指评估行为区别于其他会计活动的显著特征。

5. 预测性。预测性是指用评估对象的未来时空的潜能说明现实。评估是在社会化大生产和商品经济发展到了相当高的程度以后才出现的。是指专门的机构或专门评估人员，遵循法定或公允的标准和程序，运用科学的方法，以货币作为计算权益的统一尺度，对在一定时点上的评估对象进行评定估算的行为。

（二）评估报告的撰写要求

评估报告是评估者的工作成果，是依据评估业务约定书，由评估机构提供的“成果”或“产品”。因此，评估报告的编制和撰写必须满足以下几点要求。

1. 文字表达方面的技能要求。评估报告既是一份对于评估对象有咨询性和鉴证性作用的文书，又是一份用来明确评估机构和评估人员工作责任的文字依据，所以它的文字表达技能要求既要清楚、准确，又要提供充分的依据说明，还要全面地叙述整个评估的具体过程，其文字的表达必须准确，不得使用模棱两可的措辞。评估者应当在评估报告中提供必要信息，使评估报告使用者能够合理解释评估结论。

2. 格式和内容方面的技能要求。对评估报告的格式和内容方面的技能要求，应遵循相关评估准则进行编制。

3. 评估报告的复核及反馈方面的技能要求。评估报告的复核、评判与反馈是评估报告撰写的具体技能要求。通过对工作底稿、评估说明、评估明细表和报告书正文的文字、格式及内容的复核和反馈，可以使有关错误、遗漏等问题在出具正式报告书之前得到修正。对评估人员来说，评估工作是一项必须由多个评估人员同时作业的中介业务，每个评估人员都有可能因能力、水平、经验、阅历及理论方法的限制而产生工作盲点和工作疏忽，因此对评估报告初稿进行审核就成为必要。对评估对象的情况熟悉程度来说，大多数委托方和占有方对委托评估对象的基本情况总是会比评估机构和评估人员更熟悉，所以，在出具正式报告之前征求委托方意见，收集反馈意见也很有必要。

4. 评估报告需要满足的一些前提条件。一是满足委托方和其他评估报告使用者的合理需求；二是满足评估行业管理部门的监管需求；三是必须明确委托方、受托方及有关责任的依据。

5. 加大评估机构或组织的透明度，解决评估主体与被评估对象间信息不对称问题。对照《政务公开条例》的要求，各级政府部门还需要做到应公开的公开，而且对已经公开的事项要在公开的方法、形式、时间等方面进一步完善，对有了变动的内容及时更新，政府部门还要学会与媒体合作，利用各种媒体形式增加工作的透明度，争取群众对政府工作的理解和支持。

6. 聘请专业人士做顾问，提高评估工作的科学性。聘请专业人员参与设计评估工作，接受他们的专业性建议，如在进行社会代表评估和民众参与评估环节中，可以提高评估工作的信息量和准确性，从而提高评估的质量。

7. 科学组织提高评估主体的参与评估能力。评估中，评估主体参与评估的能力，直接关系到评估工作的时效性。因此，要提高评估机构的专业性、权威性、有效性，还需要科学组织评估活动，以确保有参与评估的能力，保证评估程序的有效性。

第二节　全面深化改革第三方评估报告的构成与内容

一、全面深化改革第三方评估报告的构成

第三方评估报告是对省域全面深化改革全面的描述和评价，其内容主要包括以下三大部分。第一部分是总报告，对当年全省全面深化改革工作做出总体评估。第二部分是六个分领域的专题评估报告，即对全面深化改革涉及的经济、政治、文化、社会、生态和党的建设六大领域具体改革做出分类评估。第三部分是若干附件包括群众满意度分数排名，以及六大领域改革项目清单。表 6 - 1 是 2016 年全面深化改革第三方评

估报告的构成。

表 6－1　全面深化改革第三方评估报告的构成

第一部分	（1）总报告：湖北省 2016 年全面深化改革评估报告
第二部分	（2）专题报告一：湖北省 2016 年经济领域改革评估报告
	（3）专题报告二：湖北省 2016 年政治体制改革评估报告
	（4）专题报告三：湖北省 2016 年文化体制改革评估报告
	（5）专题报告四：湖北省 2016 年社会体制改革评估报告
	（6）专题报告五：湖北省 2016 年生态文明体制改革评估报告
	（7）专题报告六：湖北省 2016 年党的建设制度改革评估报告
第三部分	（8）附件 1 湖北省 45 家牵头单位 2016 年全面深化改革群众满意度分数排名
	（9）附件 2 湖北省 17 个市州 2016 年全面深化改革评估群众满意度分数排名
	（10）附件 3 湖北省 2016 年经济领域改革项目清单
	（11）附件 4 湖北省 2016 年政治体制改革项目清单
	（12）附件 5 湖北省 2016 年文化体制改革项目清单
	（13）附件 6 湖北省 2016 年社会体制改革项目清单
	（14）附件 7 湖北省 2016 年生态文明体制改革项目清单
	（15）附件 8 湖北省 2016 年党的建设制度改革项目清单

2017 年，为了突出重点项目的改革情况，评估报告除了总报告以外，又增加了三个由省领导领衔推进的重点项目。专栏 6－1 为 2017 年的评估报告的构成情况。

专栏 6－1　2017 年全面深化改革评估第三方评估报告构成

总报告：湖北省 2017 年全面深化改革评估报告

专题报告一：“互联网＋放管服”项目专题调研报告

专题报告二：“推进湖北自由贸易试验区建设”项目专题调研报告

专题报告三：“2017 年武汉全面创新改革试验”专题调研报告

二、评估报告的内容

（一）总体评估报告的内容

总体评估报告是全面反映全省各省直改革项目牵头单位和各市（州）

改革落实落地、取得成效的综合性报告。以 2016 年改革评估报告为例（见专栏 6－2），介绍如下。

1. 湖北省 2016 年全面深化改革基本情况。这一部分通过介绍 2016 年湖北省 47 家 I 类省直单位在经济、政治、文化、社会、生态和党的建设六大领域牵头实施的 187 项改革项目的基本情况，以及各市（州）对改革项目的落实情况和主动作为情况，阐述对湖北省 2016 年全面深化改革的总体判断。2016 年，湖北省改革工作取得重大突破，改革方案更加科学、更接地气；改革推进机制进行了重大创新，各地各部门不断加大改革推进力度，改革成效凸显，人民群众满意度进一步提高；在多个重要领域、多个关键环节取得了显著成效；全省各市（州）在省委统一领导下，结合本地实际，在全面深化改革的各个领域攻坚克难，稳步推进，除了落实国家和省的要求外，也推出了大量改革项目，一大批改革走在全国前列。

2. 湖北省 2016 年全面深化改革评估分析。这一部分是改革评估中心通过组成若干调研小组，对 17 个市（州）和 45 家[①]省直改革项目牵头单位的党员干部、市场主体（或服务对象）、普通群众和专家学者进行了抽样调查，通过召开 40 场座谈会、在市州和省直单位门户网站进行网络调查以及对市场主体（或服务对象）、党员干部和专家学者单独访谈等方式，共回收了 107336 份有效调查问卷（其中市州问卷 85761 份，省直单位问卷 21575 份），并根据调查结果、搜集的资料和中共湖北省委政研室（湖北省改革办）年终考评材料，对各地各部门全面深化改革的方案设计、改革推进情况和改革效果进行的第三方评估分析。具体内容包括：

（1）省直单位改革评估。评估小组通过构建 3 个一级指标、20 个二级指标的改革评估指标体系，从定性和定量两个角度，分部门、分领域对湖北省 2016 年省直单位全面深化改革工作进行评估。

（2）市（州）改革评估。对市（州）全面深化改革的评估结论是建立在对党员干部、市场主体、普通群众、专家学者等 4 类群体问卷调查基础上加以统计分析得出的。2016 年度市州各类调查问卷数量达 85761 份。

3. 湖北省 2016 年全面深化改革存在的问题。这一部分根据湖北省实

① 45 家 I 类省直单位不包含省政府金融办和中国人民银行武汉分行两家中央垂管单位或省直非目标责任制单位。

际对照习总书记对全面深化改革的要求，分析汇总得出湖北省2016年全面深化改革存在的问题。虽然总体而言较好地完成了全面深化改革的各项任务，但局部上和细节上还存在一些需要完善的地方。一是部分改革项目问题导向不突出。从全省的情况看，“问题导向”二级指标在“方案设计”一级指标中的得分最高，说明就方案本身看还是遵循这一原则。尤其是重点改革项目，都做得很好，但是一般改革项目，以及地方对改革项目的落实上，会发现存在一些问题。二是全面深化改革的部门和地方两个责任主体配合不够。市（州）级层面的改革项目，在制定和统筹年度改革项目的时候，是综合考虑国家、省级以及自身的实际情况确定，可能存在时间进度不一的情况。需要地方和部门一把手要把抓落实的责任扛起来，把改革责任理解到位，落实到位。三是部分配套制度还不够完善。在落实中央或者省改革任务时，没有具体的指导意见和详细的配套措施。四是督察反馈机制落实不够。虽然目前，督察机制已经建立。但目前只能做到季报台账，半年小结，年终考评。由于督查工作人员有限，对已经出台的改革方案的排队督察做得不够。五是部分部门和地方还缺乏“撸起袖子加油干”的冲劲。虽然《湖北省全面深化改革促进条例》已经出台，建立“容错护幼不赦罪”的机制。但由于思维惯性，有的地方和部门还是存在焦虑、观望等情绪，放不开手脚，有的地方干部中甚至存在着不作为、不敢为的风气，不愿主动担责。六是部分改革宣传还存在不到位的情况。除了涉密的改革项目之外，其他的改革项目应该都是可以进行广泛宣传的。对重大改革项目，大部分都通过会议、报纸、广播、新媒体等进行了宣传。但是，对部分改革项目，大部分群众还存在不了解、不关心的情况。各级干部除了对自身参与的改革项目比较了解，对其他改革项目也不一定了解。

4. 进一步深化改革的建议。这一部分主要针对目前还存在的问题，结合湖北实际通过综合分析提出对2017年全面深化改革发展的合理化对策建议。一是抓责任，形成主体责任链条。要落实主体责任。承担改革任务的地方和部门要知责明责、守责尽责，各就各位、各负其责。牵头部门对经办的改革举措要全程过问、全程负责、一抓到底。二是抓难点，破解发展梗阻。2017年是全面深化改革向纵深推进的关键一年，啃硬骨头多、打攻坚战多、动奶酪多。全面深化改革要知难而进，以攻克难点为目标，突破一些老大难问题。三是抓调研，让改革更接地气。改革的目的最终是要提升人民群众的获得感。一些部门主导的改革，自我总结成效显著但群众获得感较差，主要在于脱离民意，受益面太窄。改革要进一步贴近民意，扩大受益面。四是抓督察，促进改革落地生效。要狠抓改革落实，遵循改革规律和特点，建立全过程、高效率、可核实的改革落实机制，推动改革举措早落地、见实效。五是抓激励，健全改革容错机制。全面深化改革，要以广大干部群众的积极性为最大推动力，要解决不敢改不愿改的问题。要着力提高领导干部谋划、推动、落实改革的能力，引导干部树立与全面深化改革相适应的思想作风和担当精神。六是抓矛盾，完善纠纷多元化解机制。伴随着改革进入攻坚期和深水区，我国也进入了社会矛盾易发多发时期，社会难点问题日益凸显，群体性利益矛盾不断增多，社会矛盾纠纷的对抗性也有所增强。

专栏 6－2 2016 年全面深化改革评估第三方评估报告总报告主要内容

一、湖北省 2016 年全省深化改革总体情况

（一）湖北 2016 年改革主要进展

主要从经济领域、政治领域、社会领域、文化领域、生态文明建设领域、党的建设领域六个方面展开。

（二）湖北 2016 年改革推进机制创新

主要介绍了由省委书记、省长、常务副省长、省纪委书记等主要领导领衔的重大项目的推进进展情况，以及重大项目的推广情况。

二、湖北省 2016 年全面深化改革评估分析

（一）省直单位改革评估

1. 总体分析

从总分、一级指标、二级指标的不同分数对湖北省 2016 年全面深化改革进行评估与说明。

2. 部门改革评估

（1）各部门改革总体较 2015 年进步明显，但部门之间人民群众满意度差距拉大。

(2) 部门改革举措向“四个全面”战略布局聚焦，但是部门之间协同性不够。

(3) 各改革部门的主体责任进一步落实，但改革责任主体的积极性有待进一步增强。

3. 分领域改革总体评估

(1) 经济领域改革评估

(2) 政治领域改革评估

(3) 文化领域改革评估

(4) 社会领域改革总体评估

(5) 生态领域改革评估

(6) 党的建设领域改革评估

(二) 市(州)改革评估

1. 市(州)改革评估总体分析

从方案设计、一级指标的排名、评估得分等角度进行分析

2. 市(州)改革方案满意度评估分析

3. 市(州)改革推进满意度评估分析

4. 市(州)改革改革成效满意度评估分析

5. 市(州)改革分领域评估分析

三、湖北省 2016 年全面深化改革存在的问题

(一) 部分改革项目问题导向不突出

(二) 部门和地方两个责任主体配合不够

(三) 部分配套制度还不够完善

(四) 督察反馈机制落实不够

(五) 部分部门和地方还缺乏“撸起袖子加油干”的冲劲

(六) 部分改革宣传还存在不到位的情况

四、进一步深化改革的建议

(一) 抓责任，形成主体责任链条

(二) 抓难点，破解发展梗阻

(三) 抓调研，让改革更接地气

(四) 抓督察，促进改革落地生效

（五）抓激励，健全改革容错机制

（六）抓矛盾，完善纠纷多元化解机制

（二）六大领域专题评估报告

通过对湖北省全面深化改革涉及的经济、政治、文化、社会、生态和党的建设六大领域具体改革做出分类评估形成六个专题评估报告。

1. 经济领域改革评估报告。通过对2016年湖北省经济领域改革总体情况介绍、数据模型分析以及满意度问卷调查指标测算，对经济领域改革情况进行总体评估，同时提出具体问题及对策建议。2016年，湖北省经济体制改革主要涉及农业农村、供给侧改革、财税金融、对外开放、科技创新、产业融合、国资国企、商事登记、非公经济九个领域。经测算，计算出经济领域改革评估总分和指标的分项得分，并与2015年的总分及分项得分进行对比，得出评估结论。2016年的总得分进步较大，反映出湖北省经济领域改革进步较大，与湖北省2016年GDP全国排名取得历史以来的最好成绩相一致。同时，根据评估分数相对落后的指标，查找出湖北省2016年经济领域改革仍存在的突出问题，如民营企业建立现代制度困难重重，涉企各项优惠政策和奖励难以落实，国企混合所有制改革中股权单一、一股独大，民参军政策门槛高、军民资源共享不够，信用体系建设中各部门数据交换偏少，农村集体资产股份合作制欠缺法律支持，投资项目行政审批前置与后置条件仍比较多等。

2. 政治领域改革评估报告。通过对2016年湖北省政治领域改革总体情况介绍、数据模型分析以及满意度问卷调查指标测算，对政治领域改革情况进行总体评估，同时提出具体问题及对策建议。2016年，湖北省政治领域改革主要围绕行政管理体制改革、人大监督体制改革、司法体制改革、协商民主等方面展开。经测算，计算出政治领域改革评估总分和指标的分项得分，并与2015年的总分及分项得分进行对比，得出评估结论。2016年的总得分反映出湖北省2016年政治领域改革成效较2015年尤为突出，人民群众总体满意，获得感较强。根据评估分数相对落后的指标发现一些问题，如检察机关在办理公益诉讼类案件时，办案阻力大，程序协调难，一些法律依据不明确，办案环境多变，且缺乏专门办理公益诉讼的队伍，导致检察机关在办理此类案件时困难重重，难以在全省范围内深入开展，目前尚停留在办理典型案件阶段。

3. 文化领域改革评估报告。通过对2016年湖北省文化领域改革总体情况介绍、数据模型分析以及满意度问卷调查指标测算，对文化领域改革情况进行总体评估，同时提出具体问题及对策建议。2016年，湖北省文化领域改革主要包括文化管理体制机制改革、现代公共文化服务体系建设、传统媒体与新兴媒体融合等方面。经测算，计算出文化领域改革评估总分和指标的分项得分，并与2015年的总分及分项得分进行对比，得出评估结论。得分反映出湖北省文化领域改革总体较好，文化事业和文化产业发展较快，得到了人民群众的普遍认可。文化管理体制机制进一步理顺，但运行效果有待观察。现代公共文化服务体系创新意识强，投入较大，但是服务体系建设法制化、系统化、产业化不够。传统媒体与新兴媒体融合步伐加快，但融合方式比较单一，融合程度不高。

4. 社会领域改革总体评估报告。通过对2016年湖北省社会领域改革总体情况介绍、数据模型分析以及满意度问卷调查指标测算，对社会领域改革情况进行总体评估，同时提出具体问题及对策建议。2016年，湖北省社会领域改革以社会治理、教育、医药卫生和社会保障、住房和城乡建设为重点，改革难点多、利益调整复杂、群众关注度高。经测算，计算出社会领域改革评估总分和指标的分项得分，并与2015年的总分及分项得分进行对比，得出评估结论。得分反映出社会领域改革总体较好，但是相较于党建、政治、经济、生态、文化五个领域，其改革得分最低，启示我们应当大力弥补社会领域改革短板，体现"以人民为中心"的发展思想。教育、医疗卫生和社会保障制度改革力度较大，但是"看病难、看病贵"的问题仍差别化存在，社会保障水平整体不高。社会治理水平不断提高，但离人民群众的期待还比较远。城市治理和城市建设同时发力，相互促进，但是治理能力和治理水平有待提高，建设规划和建设投入有待加强。

5. 生态领域改革评估报告。通过对2016年湖北省生态领域改革总体情况介绍、数据模型分析以及满意度问卷调查指标测算，对生态领域改革情况进行总体评估，同时提出具体问题及对策建议。2016年，湖北省生态领域改革主要围绕划定生态资源边界、开展生态资源保护行动和试点、创新生态保护体制机制等展开。经测算，计算出生态领域改革评估总分和指标的分项得分，并与2015年的总分及分项得分进行对比，得出评估结论。得分反映出生态领域改革的顶层设计较好，改革推进措施有力，但相对来看，改革的效果还有较大的提升空间。永久基本农田、城市开发边界、生态保护红线的划定前期工作进展较为顺利，但后续配套措施跟不上。实行能源、水资源、森林资源和建设用地总量和强度双控行动进展顺利，但实际效果有待加强。生态保护试点工作取得良好示范效果，但是可推广、可复制的经验尚未形成。生态保护管理机制更加独立有效，生态保护法制化、市场化趋势明显，但缺乏有效的激励和补偿机制。河湖管护机制、水生态文明城市、河湖水生态系统修复，省以下环保机构监测监察执法垂直管理基本完成，环境保护机制更加独立。

6. 党的建设领域改革评估报告。通过对2016年湖北省党的建设领域改革总体情况介绍、数据模型分析以及满意度问卷调查指标测算，对党的建设领域改革情况进行总体评估，同时提出具体问题及对策建议。2016年，湖北省党的建设领域改革主要包括纪律监察、党的建设和干部人事等任务。经测算，计算出党的建设改革评估总分和指标的分项得分，并与2015年的总分及分项得分进行对比，得出评估结论。得分高于2015年，且高于社会、政治、经济、生态以及文化这五大领域的改革评估得分，反映出党的建设领域改革成效显著，并且得到广大干部群众的充分肯定。纪律检查制度改革年度目标全部完成，全省风清气正的政治生态基本形成。党的建设制度改革增强了党员干部的战斗力，领导干部选拔任用制度体现系统化、规范化。针对领导干部选拔任用全过程的需要，出台了一系列的工作和监督办法，有力地防止了选人用人的腐败行为。人才招聘和管理方面为用人主体减负松绑、简政放权，发挥了市场在人才资源配置中的决定性作用，同时也更好地发挥了政府作用，用人主体开发人才的积极性和人才活力进一步增强。

第三节　评估报告形成的过程控制

一、评估报告的定稿标准

（一）内容全面

以湖北省全面深化改革第三方评估报告为例，由于其属于省域的全面深化改革评估报告，全面深化改革的方方面面都要涉及。从评估对象看，既要包括整体的情况，也要包括六大领域分领域的情况；从层次看，既要包括省级层面全面深化改革情况的情况，也要包括地市州的全面深化改革情况；从资料来源看，既要包括调研、座谈会、走访、调查问卷等一手资料，也要包含文献、报道、会议等二手资料；从方法看，既要包括评估指标体系设计，也包括运用这一体系进行的具体分析；从指标体系本身看，既要全面反映深化改革的全过程包括制定、推动和结果，也要合理确定各指标的重要性和权重；从内容看，既要包括改革情况描述，也要包括评估结论。

除此以外，还要说明评估程序实施过程和情况，包括：评估背景，收集评估资料的过程和情况分析，整理评估资料的过程和情况，选择评估方法的过程和依据，评估方法的基本原理，相关参数的选取，运用评估方法进行计算、分析、判断的过程，对评估结论进行综合分析并形成最终评估结论的过程。

（二）有创新性

评估报告不是已有资料的堆积和重复，而是在其基础上的升华，必须体现其创新性。评估报告所提炼的论点必须来源于资料又高于资料。要包含一些新思想、新见解和新观念，要有所发现、有所创造、有所升华。因此，评估报告要运用新方法，探索新角度，增加新认识，扩大新视野，提升评估报告在思想碰撞以及推进未来改革进展中的价值。

（三）一致性原则

评估报告要始终一贯地坚持某个观点，不能前后矛盾。比如，在报告的前面提到某类改革做得非常好，但在评估过程的得分又不高，就违背了一致性原则。因此，报告撰写者在提炼论点时，一定要对材料有透彻的理解，对自己的观点有充分的信心。同时，对论点的表述要严谨、缜密。一致性还要求报告的总论点始终如一地统辖着各个分论点和小论点，共同构成一个有机系统，因此，要对各个分论点进行反复推敲，使它们成为总论点的有力支撑。同时，分论点和分论点、小论点和小论点之间也要互相和谐，互相补充。

（四）语言精练

评估报告主要使用正式的书面语言，兼具学术论文的语言和政府公文报告的要求。一是运用概括性语言。尽可能用最少的语言，清楚明白地表达更丰富的内容。二是要忌口语化，使用书面用语，注意“的”“了”等字的使用。三是长短句结合，说明评估对象，及详细叙述时用长句外，其他多用短句。用短句时，用尽量少的字，表达尽量多的意思，且文笔简练、流畅。四是使用专用名词，专有名词的使用要规范化、格式化，这些词语的使用，有助于文章表述简练。五是注意动词和宾语的搭配要合理，小标题的用词尽量不要重复。六是“由于”“因为”“而且”“但是”这些等表示转折顺接关系的词语一定要慎用，要根据上下文的逻辑关系准确使用。

（五）表达准确

评估范围和评估对象的基本情况，评估目的的表述应当清晰、具体，以免引起误解。评估结论和观点必须明确，撰写者必须清楚地表明自己的观点、立场与看法，不模棱两可，不含糊其词。撰写者必须熟悉材料，深刻思考。此外，论点的提出还必须从客观实际出发，实事求是，不偏不倚，不主观臆断。

（六）语言鲜活

全面深化改革的第三方评估报告最终是提交给政府决策参考之用。其由于出自第三方之手，必然要出新出彩，否则如果与政府内部文件汇报显不出特别的差异，必然不能引起足够的重视和得到较好的利用。所以，评估报告的语言必然也有一些新观点、亮点，以抓住读者的注意力。在撰写时，除了观点新颖外，所用事例也要鲜活，要有视觉冲击力。

（七）认真校对

评估报告校对一般每个版本都实行三遍校对，首先是不同撰写者相互校对、统稿人初校和专人二校。校对主要包括三个方面：一是格式的校对，主要包括标点符号的检查，字体大小，不同级别标题及正文行间距的规定，图表的形式、排版与排序，目录的生成，页码的顺序等；二是内容的校对，主要包括案例的时间地点，出现的人名及其身份，出现文件的名称及文件编号，专有名词的使用，地点的核对，图表内容，评估分数的校对等；三是没有错别字。

二、评估报告的定稿过程

（一）评估报告相关资料的收集

1. 评估报告相关资料的范围。评估报告是独立提供被评估对象主要情况和评估结果的综合性文件，是评估工作的最后阶段，是建立在详实的资料梳理和数据分析基础之上的评估结论的整体性呈现。评估报告必须有充分的资料准备，主要包括以下三个方面。

（1）基础性资料。国家层面的基础性资料包括全面深化改革国家的相关政策、文件、讲话，中央全面深化改革领导小组（中央全面深化改革委员会）历年召开的深改组（深改委）会议及会议主要内容，国家级各项具体改革项目的相关背景资料和实施进展情况。省级层面的基础性资料包括省级全面深化改革国家的相关政策、文件、主要省级领导讲话，省全面深化改革领导小组（省全面深化改革委员会）历年召开的会议及会议主要内容，省领导领衔的重大改革项目的具体资料及推进情况，各个改革牵头单位牵头的省级改革事项的相关介绍和进展情况。市级全面深化改革情况的全面介绍，市级改革具体项目的相关资料，市级全面深化改革相关的会议、政策、文件和讲话、推进方案、活动等。

（2）实地调研资料。在全面深化改革评估报告的撰写过程中，评估组根据每年改革项目的若干不同主题到不同的调查对象处了解相关改革的最新进展情况。地市州级别的改革资料主要通过召开综合座谈会或者多场不同主题的座谈会和实地走访企业、社区听取汇报，与群众进行面对面交流获得。改革牵头单位的改革项目的资料主要通过其对改革事项的全面汇报，以及改革服务对象的电话或者面对面访谈获得。对于重大改革项目，通过对牵头及参与的相关部门、服务对象的座谈交流以及材料汇报获得相关资料。

（3）其他资料。是除了上述两种与写报告直接相关资料以外的资料。主要包括第三方评估理论基础及操作部分的资料，包括国内外关于第三方评估的理论文献，已公开发布的第三方评估报告等；以及涉及全国各地各领域全面深化改革的报道、改革内参、互联网上的相关资料等。

2. 评估报告相关资料的来源。开始评估之前，课题组首先要建立评估资料库，并安排专人维护和积累，在调研过程中同步增加新的资料。在讨论提纲之时，基础性资料和其他资料已经全面收集完成，并按照类别进行了分类整理。课题组成员都可以继续增加资料和使用资料。

（1）来自评估对象。作为第三方评估的委托方，湖北省委政策研究室（改革办）会在第三方评估协议签订之后，指定本单位与评估组的联系对接人员，保证有关资料能及时传达给评估组。一般从委托方可获得湖北省全面深化改革的相关改革项目名录及介绍，以及被评估的各改革牵头单位和17个地市州的相关联系人。然后，评估组分别与改革牵头单位和17个地市州的相关联系人联系，获得该单位以及该地相关改革项目或者全面深化改革情况的详细资料。

（2）来自互联网。主要收集中央、省、市相关改革项目的推进情况的会议、新闻报道、领导讲话等。还包括其他省市改革评估的相关工作进展、报道以及部分公开的第三方评估报告。

（3）来自数据库。来自知网和万方数据库的第三方评估及全面深化改革的相关文献。来自评估组自建的改革牵头单位和17个地市州的四类主体的满意度调查数据。

（二）评估报告初稿形成

1. 评估报告框架确定。作为第三方评估报告的“骨”，其框架的确定非常重要。在第三方评估报告的撰写过程中，首先要对评估报告的框架进行讨论和拟定。一般而言，评估报告的框架形成主要经过三个步骤。

步骤一：根据每年的评估要求确定主题和开展讨论。由于全面深化改革第三方评估是一个连续渐进式的研究工作，每年的重点相近又有不同。所以，在确定评估报告框架之前，要充分阐明此次第三方评估报告的导向、思路、重点，以及其他注意事项。然后评估小组各撰写人开展头脑风暴，讨论出一个初步的一级提纲。以2016年湖北省全面深化改革第三方评估报告为例，最初讨论的框架确定评估报告包括两部分，由主报告和六个领域的分报告组成。其中，主报告主要包括四部分内容，即基本情况、评估分析、存在的问题和下一步的建议。各分报告包括三部分内容，即基本情况、改革评估和评估结论。2017年的评估报告在2016年的基础上有了一定的调整，2017年的改革评估报告分为两大部分，由主报告和3个由省委领导领衔的重大改革事项的评估分报告组成。总报告的四块主要内容不变，重大改革项目的评估主要由成效、问题和建议三部分组成。

步骤二：评估组成员进行分工，并分头拟定细化的提纲。主体框架确定之后，各评估组成员根据对评估报告框架各部分掌握和调研的资料的熟悉程度进行分工，并分头拟定具体提纲。提纲要细化到三级标题，并根据自己的思考，分享拟定提纲的缘由，供课题组其他成员参考。

步骤三：确定最终提纲。评估组成员将各自的提纲整合在一起，看是否符合内容全面、问题导向等要求，供大家讨论、修改，最后得出评估组成员一致认可的提纲。最终提纲确认之后，再次进行分工，确定各部分的负责人和参加人，由各部分负责人确认撰写内容，确认时间节点，组织本部分撰写人分头进行撰写和汇总。

2. 明确报告撰写要求。对于评估报告的各个章节，根据提纲和写作思路，也有相应的字数和详略要求。一般主报告要求2万字左右，六个分报告每篇1万~1.5万字，重大项目的评估分报告每篇1万字。将总字数分解到报告的各章各节，从而决定了每个小标题下内容的详略程度。最终的评估总报告，一方面要高度概括，提炼出每年全面深化改革工作独特的亮点，另一方面要接地气，有具体案例和数据来支持所述观点。同时，评估报告的数据详实、图表规范也是基本要求。在约定的最后交稿时间之前，各撰写人分别上传报告初稿文本，由专门的统稿人员进行统稿和排版。

3. 召开小型讨论会。分头撰写的过程中，评估组成员还需要进行多方面的交流，以进一步明确思路和方向。在所有纸质资料和问卷资料录入完成，资料库基本完成之后，评估组召开小型讨论会，主要对评估组各成员分头掌握的各种资料进行介绍，对由此引发的思考进行分享，以便所有课题组成员对自己没有涉及或收集的资料也有较为清晰的认识，在写作时能够方便地使用各种材料。

各个部分的撰写人，再按照提纲在资料库提取写作材料和数据，并根据相关资料与所写章节主题的契合度等进行初步筛选。对于评估报告中的图表，有两种处理方式，一是先行沟通统一格式，由各章撰写人自己按统一格式画图，或者指定一位评估组成员专职画图和指标，以便所有图标体例统一。

4. 合理安排时间。根据合同上明确的交稿时间，倒排工期。一般评估期限为 2 个月，将其分解为 2 周到 17 地市州调研，2 周收集改革牵头单位的改革及满意度信息，1 周进行资料汇总和数据处理。1 周召开改革评估分领域的调研会，最后 2 周进行报告撰写。在最后半个月内一般三天左右修改一稿，至少修改五稿以上才能定稿。

（三）评估报告初稿讨论

初稿提交统稿和排版之后，就要开始进行讨论和修改。在参加讨论之前，要确保全体评估组成员已经对完整的报告初稿进行了通读，并根据自己的理解对其中需要修改的地方做好标记。正式讨论会由评估组组长主持，会议首先集体通读文稿，每位成员根据自己已经做好的标记，对其他人负责的部分提出修改意见，并记录其他课题组成员对自己的部分的意见和建议，对于接受或者不接受修改意见进行讨论，最后由负责人将所有修改意见进行梳理和确认，形成一个统一的最终修改意见，在会议上公布，各部分撰写人对如何修改再次进行确认，并于会后进行修改提交。

（四）评估报告的修改

一般评估报告的修改要经过三到五轮。第一轮初稿经过讨论之后，一般要求三天之内提交第二稿，再进行统稿讨论。然后，对第二稿进行讨论和审阅，发现修改不到位的，或者有新的想法需要补充的，或者有中央的最新精神，省里有最新进展的，都要吸收进新一版的报告。之后的几天不断重复这一过程，并在不断的修改中完善，排版和校对也同步进行。经过几轮的修改，直到没有新的材料需要增加，就可以进入定稿阶段。

（五）评估报告定稿

经过三到五轮的修改，评估报告越来越接近于定稿的要求。在最新排版的基础上，各课题组成员每人对照最新稿进行最终的校对，并在稿子上采取审阅模式进行标注。在定稿讨论会上，会将大家所有修改之处进行整合，并逐一讨论修改之处是接受，还是拒绝。修改完毕之后，对照定稿标准，看是否全部满足，全部满足标准之后就可以准备定稿。最后根据合同要求打印制作相应数量的文本，提交第三方评估委托方。

第七章　全面深化改革第三方评估结果的运用及思考

第三方评估由与政府部门没有直接利益关系的第三方担任，第三方的独立性和专业性保证了评估结果的客观性、公正性和权威性。然而评估报告的形成并不是评估的终点，如果政府部门不能合理运用评估结果，将评估结果束之高阁，不仅造成浪费，第三方评估也将流于形式，不利于政府公信力的建设和全面深化改革的深入推进。评估结果的运用是全面深化改革第三方评估的重要环节，充分运用评估结果，将评估结果落到实处是推进全面深化改革继续深入的要求，也是全年深化改革第三方评估的价值体现。政府部门应真正重视第三方评估结果的运用，认真运用评估结果，将全面深化改革向纵深推进。

第一节　评估结果及其运用的价值和意义

评估的过程是信息的搜集、筛选、加工、输出、反馈的过程，第三方通过痕迹查阅、现场座谈、问卷调查等方式进行评估调查，形成评估结果。评估结果不仅包含了对一段时期全面深化改革工作成果的汇总、改革进度的展示，更重要的是发现改革中存在的问题和对改革效果的评价，评估对改革的进一步推进具有指导作用。评估结果的运用对全面深化改革的深入推进具有重要的意义。

一、更加客观地评估改革方案及实施情况

第三方因其特有的独立性，能够置身其外地运用专业知识对改革进行

评价，其评估不仅仅是对改革效果的简单量化，而且是全面地对改革全过程进行评价，尤其包括改革方案设计及改革推进即方案实施的过程。评估专家通过运用专业的知识和方法，对改革方案本身从科学性、问题导向性、可操作性等方面运用定量和定性的方法进行客观评价，对改革方案的实施情况从宣传力度、组织体系、沟通渠道、推进机制、执行情况等方面进行客观公正的评价。

二、更加专业地评价改革目标完成情况及改革效果

改革评估是对改革整体情况的评价，改革目标和任务完成的情况是改革评估的一项重要内容。对改革的目标完成情况以及改革效果的第三方评估，主要通过科学的评估指标体系的建立和运用专业的评估方法来进行，对政府部门的改革目标完成情况和改革效果进行定性和定量的综合分析。通过对评估结果进行量化分析，可以较清晰直观地展示改革目标的完成情况和改革效果。透过评估结果，政府部门便可知晓改革哪些方面比较好，哪些方面还需改进，哪些方面实现了预期目标，哪些领域未达到预期目标，评估结果能够较为客观、真实地反映改革的成效。

通过对比评估结果和改革目标来评价改革效果，若评估结果和既定目标偏离，说明改革目标实现情况并不理想，改革过程存在一些问题；若评估结果与既定改革目标重合度高，说明改革较好地完成了阶段性目标，改革方案合理有序推进、改革效果良好。对于较好完成改革目标和达到预期效果的改革项目，可以进行推广经验，预期目标没有如期完成的项目可通过评估和评估结果查找问题和原因。

三、指导下一步改革工作的开展

第三方评估的根本目的是要通过评估不断提升相关政府部门的改革工作效率，以更加深入有效地推进改革，实现全面深化改革的总目标，利用评估结果来指导下一步改革工作的开展是评估结果运用的一个重要方面。通过对评估结果的分析，明确改革过程中存在的不足和问题，对评估中反映的问题进行分析找出导致问题的原因，并找到解决问题的相应对策。针对改革中存在的问题重新审视改革方案，对改革方案进行调整和修订，对方案实施过程加强监督和改进，为后续改革工作的顺利开展做好准备。

四、扩大全面深化改革的社会影响

（一）确保第三方评价结果的权威性

第三方一般是由专业评估公司或者非政府组织担任，具有很强的专业性，因其评估活动独立于评估对象，又具有很强的独立性。第三方的专业性和独立性提高了评估结果的可信度，从而确保了第三方评估结果的权威性。将对改革的评估权交给第三方，而不是政府部门“自拉自唱”，这样的考评形式区别于传统的自上而下的考核，不再是政府自说自话，有效避免考核形式化和考核结果失真，有利于增强政府的公信力。

（二）增加政府信息公开的透明度

政府部门开诚布公地向公众说明改革推进的过程及取得的成效，改革过程中所面临的困难和问题，提高信息公开的透明度，保证公众知情权，有助于克服改革过程中由于信息不对称导致的公众对政府的偏见，能够加深公众对全面深化改革以及政府在全面深化改革中作为的了解。全面深化改革第三方评估结果的公开，是改革部门赢得公众对改革信任、支持和理解的机会，是促使改革由“暗箱操作”转变为“阳光行政”的有效举措，这将有利于改革工作在公众监督下提升政府部门的公信力，扩大全面深化改革的社会影响。

（三）提升民众的改革参与度

第三方评估从组织层面对全面深化改革进行评估，列入第三方评估指标的大多是与人民群众利益息息相关的方面，所以全面深化改革第三方评估的结果来源不像以往的评估考核经济指标数据，也不单依据各级干部的汇报，其中更重要的数据来源是人民群众，民众参与，民众评价。向社会公示，让人民群众对改革成果进行评分，评价政府的作为，提高民众对改革的参与度，并增强政府部门同民众之间的互动，让民众清楚政府的作为。民众的参与使评估结果既包含了改革的总体成效，也包含了人民群众对改革的满意度，同时也扩大全面深化改革的社会影响。

（四）提升政府公信力

2014 年 8 月 27 日，李克强总理在国务院常务会议上听取政策落实第三方评估汇报时就曾经指出，要用第三方评估促进政府管理方式改革创新，“我们过去评价政府工作做得好不好、是否落实到位，往往通过主管部门自我检查、自我评价。这就造成了‘自拉自唱’，自己给自己‘唱赞歌’，和群众的实际感受往往有较大差距”。李克强要求有关部门要逐步尝试，将更多社会化专业力量引入第三方评估，进一步加强对政策落实的监督、管理，不断提高政府的公信力。将评估结果信息公开、落实到位，有利于增强政府的公信力，有利于转变政府职能，让群众参与评判的改革结果落到实处，让群众了解结果，清楚结果的运用方式，有利于增强人民群众的责任感。

第二节　评估结果的运用方式

在肯定评估成果、回应问题的同时，还必须认真总结经验，科学地运用评估结果，这是评估结果的价值所在。如果在得出评估结果后将评估结果弃之不理，或者评估结果的运用只是走过场、形式化、不能将评估结果与改革的推进相联系，那评估就成了为评估而评估，评估将变得没有意义。认真对待评估结果，对评估结果进行研究，制定工作措施，保障充分运用，是对改革进行第三方评估的最终落脚点。

一、信息反馈，明确主体责任

在第三方评估机构对全面深化改革做出评估并形成报告后，相关牵头政府部门将第三方评估报告进行深层次解读，向各地相关责任主体通报评估情况并提出改进要求，针对存在问题制定改进措施。以敦促相关部门认真对待评估结果并加以改进，自觉主动地把评估结果应用于改革实践中。首先，建立明确的责任承担机制，细分相关主体对改革评估结果所承担的责任，依据各部门相应职能，明确不同主体的不同责任。其次，建立评估结果常态化公示制度。建立第三方评估结果公示制度，及时将责任承担的结果向社会公布，接受社会监督，提高相关主体的责任意识。再次，建立评估结果的整改机制，明确不同主体在整改中的具体责任。根据评估报告中提出的问题，明确不同主体在特定时间内重点解决的问题，以督促不同主体落实责任、解决问题。最后，建立评估结果整改的督察机制，督促不同主体在特定时期内解决问题，防止问题空转。需要注意的是，在评估结果运用的过程中不能短视，应避免急功近利不分场合地使用“一票否决”“末位淘汰”等激进做法。评估结果的运用如果只着眼于当前的处罚，会导致急功近利，反而不能达到通过评估推进改革前进的目的。

二、考核依据，强化政策引导

在政策设计中，将全面深化改革第三方评估结果与被评价单位或责任人的评奖、评优、晋升、晋级等挂钩起来，强力推进改革评估结果的运用。将评估结果直接与奖励、评优挂钩是评估结果运用的最直接的方式，将评估结果作为政府部门考核的依据，让评估结果更有分量。与改革部门的绩效挂钩，对达到改革目标和效果的给予资金奖励，并可以设置与全面深化改革的相关奖项，对改革效果突出的政府部门进行奖励；对未达到改革目标、改革成效不佳的政府部门施以惩戒。同时，将改革评估结果和奖惩情况作为政府部门干部提拔和任免的重要依据，以激励干部干事创业。如果对评估结果的运用没有统一的规范，那么评估结果在实践中的运用就有很大的随意性，激励惩戒机制的构建是评估结果得以有效运用的保障。对改革落实迅速、成效显著的加大奖励，对改革进度缓慢不作为的加大惩戒，为政府部门改进服务质量、加快作风转变、提高办事效率提供充足的内驱力，推动改革不断向深层次前进，切实维护群众的利益。同时引入评估对象参与机制，充分发挥评估对象参与制定评估结果使用标准的积极性。比如改革达到目标和效果的应给予何种程度的奖励和惩戒，以怎样的奖惩方式实现结果使用的区别，这有利于提高评估结果使用的科学性，同时也增强了评估主体和评估客体贯彻执行评估制度的自觉性和主动性。同时畅通评估结果的申诉机制，对认为评估结果不客观、奖惩不合理、奖励强度不够或惩罚力度过重的评估对象，提供维护他们权力的机会，从而促进评估各方的良性互动以及评估结果的公平和公正，提高评估结果的效用，让第三方评估机制真正成为政府自我纠错的倒逼机制，为政府部门改进工作质量、提高工作效率提供源源不断的内在驱动力。

三、决策依据，加强改革针对性

通过开展全面深化改革进行第三方评估，能够了解群众关注的社会热点问题，如何让改革回应群众的关切，是评估结果运用过程中不可忽视的问题。需加强改革的针对性，将群众广泛关注或迫在眉睫的改革及时立项，问题越普遍，受影响的人越多，迫切性越强，改革的意义越大，针对特定问题，推出有效改革举措，推动问题的解决。改革项目的意义不仅在于项目本身，还在于为其他改革积累经验、探路和试错。让改革产生更好的传播效果，进一步激发改革的动力，凝聚改革的共识。

相关部门在编制和安排各改革项目及其领导部门年度预算时，可根据评估结果，及时调整和优化预算支出的方向和结构，合理配置资源提高财政资金的使用效率。通过评估结果的分析，改革相关部门能够清晰地评价改革的推进情况、改革目标的完成情况和改革效果，根据评估结果判断是否需要调整或追加预算。

四、公示结果，提升公众参与度

因第三方本身的独立性及评估过程涉及公众的参与，使评估结果具有公正性、客观性。评估结果的运用需要通过信息公示政府部门和群众之间进行互动。改革不是政府部门关起门来做自己的事，是与广大人民群众的利益相关，政府部门应该将改革的信息对外进行广泛的交流，让人民群众了解改革，参与改革，既增强了人民群众的参与度，也加强了公众对改革的监督。要建立信息公开机制，首先是政府部门对于改革信息的公开，有助于第三方评估工作的展开，同时也能更方便公众对改革的监督。其次是公开评估结果，将评估结果以文字报告的形式展示，并借助媒体通过发布会的形式向社会公开，而不是将改革评估结果束之高阁或者只在内部发布。社会公众根据政府部门提供的改革评估结果及相关信息，对全面深化改革的结果有所了解和评判，对政府部门改进改革工作提出意见和建议，对改革推进情况进行监督。全面深化改革的方方面面都与群众密切相关，全面深化改革第三方评估也将人民群众对改革的满意度作为一项重要指标，评估结果更是展示了人民群众对改革的评判和建议，将评估结果对外公布是评估结果运用的第一步，更重要的是要加大评估结果运用对外信息公开的力度。通过公开第三方对改革的评估工作结果来推进评估成果运用，政府部门在开展第三方评估活动后，会公开发布评估报告，并将相关评估报告在专门网站进行发布，供社会公众下载并参与监督。为确保评估结果有效运用，政府部门可以采取多种途径对改革评估结果运用情况面向社会发布，以新闻发布会、听证会、座谈会、专家咨询会以及新闻媒体、专刊等多种形式进行信息公开，其中除了公开评估结果运用的进展情况，也可以总结宣传评估结果运用好的经验和做法，通过信息公开让公众监督评估结果运用，畅通社会和群众监督的渠道，进一步加大新闻舆论监督力度，充分发挥群众监督以及舆论监督等作用，形成全方位、全过程的完整的监督体系，切实通过成果运用解决群众关心的焦点问题。

第三节　如何运用评估结果指导全面深化改革

2015 年 8 月 26 日，李克强总理在国务院常务会上明确了突破“自说自话”式绩效评估的路子在于推进第三方评估，并把它提升到“创新本届政府管理方式”的高度，“第三方评估是本届政府创新管理方式的重要措施，通过加强外部监督，更好推动国务院各项政策措施落实”“第三方机构在评估中做了大量工作，既展现了宏观整体情况，又做了典型案例剖析。对评估成果应当给予充分肯定，对它们提出的建议和问题，要高度重视”。以湖北省 2017 年全面深化改革工作为例从改革方案设计、改革推进和提升人民满意度三个方面来说明评估结果如何指导下一步的全面深化改革。

湖北是 2014 年全国首个对省域全面深化改革进行第三方评估的省份，目前已经连续四年对全省全面深化改革进行第三方评估，并召开新闻发布会将评估报告进行公开发布，评估报告发布后均引起较大反响，评估结果得到相关部门的重视。各级政府部门在接下来的改革工作中充分运用评估结果，结合全面深化改革的最新任务、最新要求，对全面深化改革工作进行及时调整，为全面深化改革的纵深推进发挥了巨大作用。

一、改革方案设计方面

改革方案设计要以问题为导向，深入群众科学严谨地做好调查研究，同时出台相应的配套协同方案，使方案设计明确细化，能够操作落实。全面深化改革不仅包括事后评估，也包括事前评估和事中评估。评估结果既包含对改革成效的总体评价，也包含了对改革推进过程的评价，反映了人民群众对于改革推进情况的态度，通过对评估结果的分析，以问题为导向，结合人民群众的意愿对改革的方案设计进行审视，对改革方案中不足之处进行补充调整，使改革的方案设计更加具有创新性和科学性。

2017 年湖北省在全面深化改革第三方评估指标体系中改革方案设计维度以改革方案的创新性、问题导向、群众参与、配套协同、科学性五个方面为二级指标。五个指标包含了改革方案设计最核心的特征，通过对人民群众和专家学者的调查访问，对湖北省改革方案设计方面进行定性定量分析，并与上年进行比较，找出过去一年改革方案设计方面的相对不足，对改革方案设计进行调整和完善。

二、改革推进方面

改革评估体系中的各项指标根据当前改革形势和改革重点的变化而变化，如国家在 2017 年对全面深化改革提出了新的要求，湖北省全面深化改革第三方评估组根据改革的新要求对 2017 年全面深化改革第三方评估指标体系进一步优化。在维持评估指标体系基本稳定的基础上，有针对性地优化指标设置。特别是为体现中央对改革工作的新要求，将一级指标“改革推进”下面的五个二级指标调整为“责任落实”“亲力亲为”“统筹协调”“督察机制”“最后一公里”，以更好地了解全省改革工作的主体责任是否落实、主要领导是否亲力亲为抓改革、各级各部门统筹协调是否顺畅、改革督察机制是否健全以及改革举措是否落实落地等情况。新的改革指标更能准确地反映当前改革推进的情况，对评估结果所反映出来的整改任务要进行明确分工，并倒推时间安排进度，明确牵头单位、责任单位、具体责任人以及整改任务时限要求，同步实施台账管理制度，严格实行对账销号，切实加大督查力度，确保整改任务落实到位。特别在整改过程中，对于决定采纳评估报告涉及暂缓执行、延期执行等有关决策的建议，相关责任部门及时研究，严格履行法定程序，进一步改进工作机制，确保决策落实到位，推动改革不断前进。

三、提升人民群众满意度方面

党的十八大以来，习近平同志围绕全面深化改革发表了一系列重要讲话，对改革方向、改革目标、改革主体、改革动力、改革路径、改革方法等作了系统阐述，强调把以人民为中心的发展思想体现在经济社会发展各个环节，通过全面深化改革给人民群众带来更多获得感。习近平同志指出，要学习和掌握人民群众是历史创造者的观点，紧紧依靠人民推动改革。党的十八届三中全会总结了改革开放的宝贵经验，其中很重要的一条就是坚持以人为本，尊重人民主体地位，发挥群众首创精神，紧紧依靠人民推动改革。在新的历史起点上全面深化改革，要坚持从人民利益出发谋划改革思路，坚持人民群众关心什么、期盼什么改革就抓住什么、推进什么，做到人民有所呼、改革有所应，努力使改革符合广大人民群众意愿、得到广大人民群众拥护。

改革应充分调动改革主体的积极性、主动性和创造性。改革开放之所以得到广大人民群众衷心拥护和积极参与，最根本的原因在于改革开放事业深深扎根于人民群众之中。正如习近平同志指出的："只要有人民支持和参与，就没有克服不了的困难，就没有越不过的坎。"党的十八大召开以来的5年，在以习近平同志为核心的党中央正确领导下，广大人民群众积极投身改革，汇聚起全面深化改革的磅礴伟力，谱写了改革新篇章。在新的发展阶段全面深化改革，仍然要充分调动人民群众的积极性、主动性、创造性。广泛听取群众意见和建议，及时总结群众创造的新鲜经验，为各行业各方面的劳动者、企业家、创新人才、领导干部提供发挥作用的舞台和环境，把广大人民的智慧和力量凝聚到改革上来，同人民一道把改革推向前进。扩大改革受益面，扎实做好重点民生工作，更好为人民造福。各级领导干部是治国理政的骨干，调动改革主体积极性、主动性、创造性，必须进一步焕发领导干部的担当精神，激励他们更好带领群众干事创业，确保全面深化改革举措落地见效。

2017年，湖北省改革评估工作坚持以人民为中心的价值追求，将人民群众对改革过程、改革效果和社会评价的满意度全部纳入改革评估指标体系，使改革评估指标体系更能直观地反映人民群众的呼声，旗帜鲜明地体现改革就是要增强人民群众的"获得感"。评估组围绕人民群众满意的导向，不断拓展公众参与的方式和渠道，通过网络问卷、座谈会、实地走访调查等方式确保群众参与的广泛性。全面深化改革第三方评估报告很大程度上是一份人民对改革满意度的报告。评估结果全面反映了人民群众对改革的满意度，根据评估结果，找出人民群众最关心的问题，就找出了改革的前进方向。将人民群众关心的问题放在首位，积极解决评估结果中发现的问题，落实评估报告的可操作性建议，通过媒体及时将评估结果反馈给群众，让评估实现“评估设计—评估实施—评估改进—评估反馈”的良性循环，让人民群众了解全面深化改革、参与全面深化改革，使改革和人民群众之间形成良性互动，这样既增强了人民群众的社会责任感、对政府部门的信赖度，同时，也提升了人民群众对改革的满意度。

后　记

在中国改革开放40年之际，湖北省全面深化改革评估中心科研人员对5年来的全面深化改革第三方评估实践进行理论思考和系统总结，共同撰写完成了《全面深化改革第三方评估理论和实践》一书，写作出版该书的目的有二：一是庆祝我国改革开放40周年，向改革开放40周年献礼；二是为方便正在进行或准备进行改革第三方评估的科研工作者、评估机构、改革的执行者和改革相关管理部门学习交流、提供参考。本书由湖北省全面深化改革评估中心执行主任、湖北省社会科学院经济研究所所长叶学平研究员策划、设计和编审，由湖北省全面深化改革评估中心和湖北省社会科学院经济研究所部分科研人员共同撰写完成。各章节具体写作者如下：引言，叶学平研究员；第一章，邓佩琦博士；第二章，高慧副研究员；第三章，王玲玲副研究员；第四章，夏梁副研究员、谢青博士；第五章，傅智能副研究员；第六章，倪艳副研究员、成丽娜助理研究员；第七章，袁莉副研究员。湖北省社会科学院经济研究所副所长傅智能副研究员负责全书的编审和校对，王玲玲副研究员和邓佩琦博士负责全书的统稿和校对，经济研究所匡绪辉研究员、涂人猛研究员、姚莉研究员、谭安洛副研究员参与了本书的策划设计和书稿修改完善。

改革没有完成时，评估探索亦无止境。本书只是几年来我们进行改革第三方评估实践探索的阶段成果的总结，由于时间紧，水平有限，作者思考还不够深入、不够系统，书中难免有一些不足之处，敬请广大读者批评指正！在改革评估的道路上，我们希望也愿意与所有同行一道积极探索，为更好更有效推动进入深水区和攻坚期的我国新时代的改革开放作出应有贡献而不懈努力！

在本书的写作过程中，我们参阅了大量文献、报告和著作，对所有我们引用和参考过的文献作者在此一并表示感谢，对未能列出的作者表示深深的歉意！

本书的写作和出版得到了湖北省社会科学院党组书记、湖北省全面深化改革评估中心主任张忠家教授的大力支持和关心，在此表示最衷心的感谢！在本书的写作和出版过程中，还得到了湖北省社会科学院党组成员、副院长杨述明研究员和袁北星研究员以及社科院各级领导和同事们的大力支持和帮助，他们或提出修改意见，或予以鼓励和肯定，或以其他各种不同方式给予帮助，对我们完成本书的出版都是一种极大的支持，也对他们表示感谢！另外，湖北省社会科学界联合会吴红斌主任以及湖北省委改革办的相关领导对本书的写作出版也给予了很多的支持和帮助，经济科学出版社的顾瑞兰编辑和相关领导对本书的出版付出了大量的心血和劳动，在此一并表示最诚挚的谢意！

作者

2019 年 9 月